O ENSINO RELIGIOSO NA

BNCC

Dados Internacionais de Catalogação na Publicação (CIP)
(Câmara Brasileira do Livro, SP, Brasil)

O Ensino Religioso na BNCC : teoria e prática para o Ensino Fundamental / Emerson Sena da Silveira, Sérgio Junqueira, (organizadores). – Petrópolis, RJ : Vozes, 2020.

Vários autores.

Bibliografia.

ISBN 978-85-326-6459-4

1. BNCC – Base Nacional Comum Curricular 2. Currículos 3. Educação – Brasil 4. Ensino Fundamental 5. Ensino Religioso 6. Política e educação 7. Prática de ensino 8. Professores – Formação I. Silveira, Emerson Sena da. II. Junqueira, Sérgio.

20-33605 CDD-371.07

Índices para catálogo sistemático:

1. Ensino Religioso : Base Nacional Comum Curricular : Educação 371.07

Cibele Maria Dias – Bibliotecária – CRB-8/9427

EMERSON SENA DA SILVEIRA
SÉRGIO JUNQUEIRA
ORGANIZADORES

O ENSINO RELIGIOSO NA BNCC

TEORIA E PRÁTICA PARA O ENSINO FUNDAMENTAL

EDITORA VOZES
Petrópolis

Rua Frei Luís, 100
25689-900 Petrópolis, RJ
www.vozes.com.br
Brasil

Editoração: Maria da Conceição B. de Sousa
Diagramação: Sheilandre Desenv. Gráfico
Revisão gráfica: Nilton Braz da Rocha
Capa: Herio Estratégias Visuais

ISBN 978-85-326-6459-4

Editado conforme o novo acordo ortográfico.

Este livro foi composto e impresso pela Editora Vozes Ltda.

Sumário

Prefácio

Gilberto Garcia
Presidente da Comissão do Ensino Religioso no CNE
Relator das Diretrizes Curriculares Nacionais das Ciências da Religião no CNE

Do ponto de vista legal, o Ensino Religioso na educação básica no Brasil passou por distintas concepções teóricas e normatizações no decorrer de sua implantação como política pública. Com a aprovação da Lei n. 9.475/1997, o Ensino Religioso na escola pública se tornou um componente curricular amparado pelo reconhecimento e respeito às diferentes crenças e tradições religiosas, inclusive àquelas de viés não confessional, bem como às chamadas "filosofias de vida". Pouco antes, o caráter confessional e interconfessional da disciplina já havia sido apresentado pela LDB n. 9.394/1996. Atualmente, o Ensino Religioso é um componente curricular do Ensino Fundamental, assegurado pela Constituição Federal, que assevera: "O Ensino Religioso, de matrícula facultativa, constituirá disciplina dos horários normais das escolas públicas de Ensino Fundamental" (§ 1º, art. 210, seção I, cap. III).

No decorrer da construção da Base Nacional Comum Curricular (BNCC), a questão do Ensino Religioso, de matrícula facultativa, na escola pública, é recuperada de forma inquietante e difusa. Tanto os agentes formuladores das propostas públicas quanto a sociedade organizada no campo religioso e laical, assim como as associações de educadores, jamais vislumbraram um horizonte comum de entendimento sobre o preceito constitucional do Ensino Religioso. Fato é que nas três minutas preliminares ao texto final da BNCC, conduzidas pelo MEC, a previsão do Ensino Religioso ora se apresentava como área exclusiva de conhecimento, ora como subárea de conhecimento, até chegar a ser excluído integralmente da proposta de conteúdo da Base.

Coube ao Conselho Nacional de Educação (CNE) o papel de propor e definir as diretrizes do Ensino Religioso no âmbito da BNCC, tanto do ponto de vista conceitual quanto de sua perspectiva didático-pedagógica, inserindo definitivamente a disciplina no contexto político-pedagógico geral da BNCC. Tive o privilégio de conduzir estrategicamente esse longo e difícil processo de acolhimento do Ensino Religioso na esfera do CNE. Valeu-me sobremaneira o apoio tarimbado de profissionais experientes, diligentes e atuantes no campo do Ensino Religioso. Muitos dos quais contribuem com a presente obra.

O advento das Diretrizes Curriculares Nacionais – DCNs, do curso de graduação de Ciências da Religião, foi fundamental para complementar o percurso do Ensino Religioso em articulação com a formação de professores para essa área específica. Sem pretensão de ser a diretriz exclusiva de formação para o docente do Ensino Religioso, as DCNs de Ciências da Religião contribuem, sobremodo, para o entendimento e exemplificação dos conteúdos das diferentes unidades temáticas do Ensino Religioso, definidas na BNCC; portanto, para o exercício da docência em Ensino Religioso por meio de fundamentação científica própria das Ciências da Religião.

Esta publicação reúne ensaios que discutem, em diferentes perspectivas, o conteúdo orientador do Ensino Religioso estabelecido na Base Nacional Comum Curricular, em correspondência com a vertente da formação de professores para o campo. Em prosseguimento às reflexões continuadas para o aprimoramento da BNCC, estudiosos e pesquisadores sobre o tema do Ensino Religioso oferecem, aos educadores e interessados, alguns ensaios com o propósito de ampliar o debate sobre o desempenho do Ensino Religioso no Ensino Fundamental no Brasil.

É com esse entendimento que o primeiro ensaio, escrito por Lurdes Caron e Lourival José Martins Filho, apresenta uma significativa recuperação histórica do Ensino Religioso no Brasil, a partir da Lei n. 9.475/1997, que atribuiu às unidades federativas a responsabilidade da definição dos conteúdos pedagógicos do Ensino Religioso e o estabelecimento de normas para habilitação de professores para a área. O artigo reflete sobre a necessária adequação entre diretrizes nacionais e formação dos professores de Ensino Religioso, ao mesmo tempo em que destaca o mérito do Fórum Nacional Permanente do Ensino Religioso – Fonaper, ao definir, na ocasião, o fenômeno religioso como objeto e diretriz para o Ensino Religioso. Ressalta, ademais, a função do livro didático como apoio ao Ensino Religioso, a contar dos materiais publicados após a promulgação da mesma Lei, para, finalmente, descrever e avaliar a trajetória da discussão do Ensino Religioso na construção da Base Nacional Comum Curricular.

Emerson Sena da Silveira e Dayana Dar'c e Silva da Silveira, por sua vez, apresentam uma história do surgimento da Ciência da Religião, sua importância e atualidade. O texto retrata, de forma breve, como a aurora da Ciência da Religião surge do pensar a religião a partir de conceitos racionais-reflexivos-críticos, afastando-se do interesse doutrinário e da apologia religiosa, comuns na Teologia, da qual se diferencia. Portanto, de como a religião passou a ser vista como produto social, humano e político e, consequentemente, um fenômeno a ser investigado, assim como os fenômenos naturais e humano-sociais. Na perspectiva dos autores, esse olhar epistemológico sobre religião se coaduna acertadamente com as expectativas das competências específicas para o Ensino Religioso previstas na Base Nacional Comum Curricular. No entanto, chamam a atenção para a relevância do pluralismo teórico e metodológico corrente junto ao estudo das religiões, ou seja, para o modo como os métodos fenomenológicos têm contribuído para definir os traços essenciais do fenômeno religioso e suas linguagens, ao interpretar o universo religioso como dimensão autônoma.

A análise político-pedagógica da Base Nacional Comum Curricular é o tema do ensaio de Sérgio Rogério Azevedo Junqueira e Sonia de Itoz. Para esse propósito, os autores começam por explicitar a funcionalidade de uma base curricular comum, de amplitude nacional, sua natureza e sua condição política como matriz curricular geral. Nesse sentido, o artigo evidencia a influência do currículo sobre a proposta da formação inicial e continuada dos educadores, sobre a produção de materiais didáticos e sobre os parâmetros de avaliações internas e externas ao ambiente escolar. Aponta para o papel pedagógico do currículo, na BNCC, de garantir as aprendizagens essenciais definidas para cada etapa da educação básica como resultado do processo de envolvimento e participação dos educadores. A seguir, os autores abordam o sentido geral e específico de competências na estrutura da Base e sua correlação com o currículo, assim como a missão atribuída à educação básica de desenvolver, em seu processo final, dez competências da Educação Infantil até o Ensino Médio. Finalizam a reflexão com o destaque exclusivo das competências e habilidades específicas da área de Ensino Religioso na Base Nacional Comum Curricular.

Muito oportuno é o estudo de Elisa Rodrigues, que analisa as diretrizes do Ensino Religioso na Base Nacional Comum Curricular. Começa por apresentar as mudanças ocorridas na história do Ensino Religioso no Brasil, de sua travessia do cristianismo exclusivo ao pluralismo religioso, até os tempos atuais em que o Ensino Religioso se defronta com as novas dinâmicas sociais. Em seguida a autora propõe ideias para um, assim denominado, Ensino Religioso significante e significativo, que consiste, segundo sua indicação, num modo de ensino, cuja função pedagógica primordial seja a de explicitar o significante das religiões. Isso fundamenta, segundo ela, o entendimento da divisão necessária do estudo da religião no âmbito do Ensino Religioso em uma parte teórica e em uma parte prática, conceitos e exercícios, que se complementam. Seriam aportes teóricos e ideias para a prática docente do Ensino Religioso na etapa fundamental. Conclama, no final do artigo, a que os professores ampliem e construam mais espaços de debate sobre o fenômeno religioso, em suas mais variadas formas de experiência, como tema central do Ensino Religioso escolar nas escolas públicas brasileiras.

Sob o título "Conhecimento religioso: possibilidades de aprendizagem a partir da BNCC", o texto apresentado por Edile Maria Fracaro Rodrigues pretende discutir sobre o processo de ensino e aprendizagem na área do Ensino Religioso, considerando como seu objeto específico de estudo, o conhecimento religioso. Para tanto, a autora parte da análise do reconhecimento social da religião até chegar ao recorte teórico do tema, enquanto ensino, segundo sua orientação na Base Nacional Comum Curricular. Em seguida, elenca as seis competências específicas de Ensino Religioso na etapa fundamental para destacar o aspecto interdisciplinar da matéria. O texto chama a atenção para o aspecto social e antropológico do conhecimento religioso, destaca a necessidade de ampliação dos recursos didáticos com bases em diferentes abordagens da expressão religiosa e aponta para a conveniência da educação para diversidade cultural e religiosa. Esse entendimento, segundo ela, deve levar, por último, a se repensar a formação profissional de docentes para a área, considerando a natureza da organização da educação escolar e a diversidade cultural e religiosa presente na sociedade brasileira.

O texto de Claudia Regina Kluck atenta para as possibilidades da abordagem didática e metodológicas do Ensino Religioso em face das competências gerais da Base Nacional Comum Curricular. Considerando que o tratamento pedagógico da disciplina deva contemplar a diversidade religiosa, a autora descreve habilmente a estrutura das unidades temáticas do Ensino Religioso, indicadas pela BNCC, com o propósito de focar a questão didática e os desafios previstos para a sua docência. O objetivo do estudo é advertir para as possibilidades metodológicas de um percurso contínuo do Ensino Religioso em suas diferentes etapas, que evite rupturas, de forma a aprofundar os conhecimentos e fortalecer a autonomia dos estudantes na sua busca, conforme preceitua a Base. Ademais, a autora acentua a importância, para a disciplina, do trabalho com metodologias ativas, considerando sua dimensão para a pesquisa, debate e socialização do conhecimento construído.

A diversidade religiosa e cultural e a Base Nacional Comum Curricular é o tema do estudo apresentado por Marcos Vinicius de Freitas Reis. Sua intenção é refletir sobre a presença da diversidade cultural e religiosa, na proposta do Ensino Religioso no texto da Base Nacional Comum Curricular para o ensino infantil e para os anos do Ensino Fundamental. O autor fundamenta seu propósito em dados e metodologias colhidas do IBGE, de 2010, para identificar características da confissão religiosa no Brasil. Conclui, num primeiro momento, que o campo religioso brasileiro se tornou francamente competitivo nos últimos anos e que as instituições religiosas desenvolvem estratégias de linguagens, atividades proselitistas, com o intuito de atingir suas metas de expansão representativa de fiéis. Em seguida, discute a relação da BNCC com tal contexto plural religioso brasileiro e destaca a necessidade do diálogo efetivo do Ensino Religioso com a realidade complexa e fragmentada do campo religioso. Por fim, o autor salienta a importância da Ciência da Religião como conhecimento referencial para a formação docente de Ensino Religioso e o papel desse profissional em mediar conflitos em torno da questão da presença da religião e religiosidade na escola.

A articulação entre Ciências da Religião e Ensino Religioso volta a ser matéria de relevância no olhar de Gilbraz de Souza Aragão, que aborda o assunto, transversalmente, sob o título "Identidade e alteridade na BNCC: importância para o Ensino Religioso na perspectiva das Ciências da Religião", objeto da unidade temática do Ensino Religioso dos anos iniciais do Ensino Fundamental. Nesse capítulo, o autor apresenta argumentos relacionados à ética da alteridade, aos fundamentos filosóficos do Ensino Religioso não confessional, focado no "direito à fé esclarecida e aberta ao diálogo com a diversidade cultural do espaço público". Discorre, com habilidade interpretativa, como o embasamento da unidade "identidade e alteridade" se desdobra na BNCC, em habilidades e competências e objetos de conhecimento, em diferentes sentidos de imanência e transcendência. O autor conclui pelo papel primordial das Ciências da Religião em favorecer uma perspectiva altruísta de ética da alteridade e de interculturalidade social no Ensino Religioso, tendo em vista que a função da escola é a de promover educação voltada para a coexistência de pessoas, com diferentes atitudes religiosas e espirituais, primando pela convivência democrática no espaço público.

Matheus Oliva da Costa e Fábio L. Stern completam este livro oferecendo ao leitor um ensaio sobre crenças religiosas e filosofias de vida, unidade temática do Ensino Religioso dos últimos anos do Ensino Fundamental na Base Nacional Comum Curricular. A importância da formação em Ciências da Religião para a docência do Ensino Religioso é, outra vez, aqui salientada. Os autores argumentam, inicialmente, como os conteúdos das diferentes unidades temáticas do Ensino Religioso podem ser entendidos e exemplificados sob a perspectiva das Ciências da Religião. De modo exclusivo, distinguem a unidade temática "crenças e filosofias de vida", com seus diferentes objetos de conhecimento, como interesse principal da abordagem. Em seguida, alegam, com perspicácia, a necessidade de ampliação do debate sobre crenças religiosas na BNCC para a discussão complementar sobre o sentido de "filosofias de vida"; estas, por sua vez, concebidas como princípios éticos e morais eventualmente seguidos por pessoas sem religião. Entendem os autores ser esta também uma questão compatível com o objetivo particular do estudo das Ciências da Religião.

Ao compartilhar esta obra com educadores brasileiros, espera-se contribuir para o debate continuado sobre o papel e o significado do Ensino Religioso na formação da juventude brasileira em seus anos iniciais, em permanente articulação com o debate, imprescindível, sobre o mérito da formação de professores para a área de conhecimento do Ensino Religioso.

1

Ensino religioso: uma história em construção

Lurdes Caron
Doutora em Educação (PUC-SP)
Professora titular – Mestrado/graduação – Universidade do Planalto Catarinense

Lourival José Martins Filho
Doutor em Teologia (EST)
Professor-associado – Universidade do Estado de Santa Catarina

Decorridos 22 anos da promulgação da Lei n. 9.745 de julho de 1997, que alterou o art. 33, da redação original da Lei de Diretrizes e Bases da Educação Nacional (Lei n. 9.394/1996, o Ensino Religioso continua em movimento horizontal, vertical e girando para todos os lados. A impressão que temos é de que continua o Ensino Religioso um componente curricular dentro de uma redoma de complexidades, entre posturas a favor do ER no currículo escolar e, ao mesmo tempo, os do contra.

Este movimento permanente do Ensino Religioso é a tradução de um componente curricular vivo e dinâmico nas escolas de educação básica do Brasil. Muda-se a legislação, a política curricular, mas permanece a prática de professores e professoras comprometidos com este saber do currículo nacional que pode contribuir na feitura de um mundo mais inclusivo e solidário. Desde o início da história da educação brasileira o Ensino Religioso é tema de debates, de reflexões, de especulações quanto a estar ou não inserido no currículo. Quanto à formação de professores, ao direito à liberdade religiosa e à linguagem que envolve este componente curricular.

Este capítulo objetiva aprofundar reflexão sobre o Ensino Religioso na Educação, fazendo memória histórica a partir do recorte de 1997 quanto à legislação, à formação de professores e à sua inserção na BNCC. Sua estrutura apresenta-se organizada em quatro partes. Incialmente um resgate histórico de caminhos trilhados para o ER a partir de 1997; a segunda seção reflete sobre a inserção das diretrizes e a formação de professores, a terceira trata do livro como reforço didático de apoio ao Ensino Religioso e por último a inserção do Ensino Religioso na BNCC.

Espera-se, como resultado dessa reflexão, estar contribuindo com informações sobre o dinamismo que envolve a vida do Ensino Religioso que faz parte da educação e personalização de educandos brasileiros no resgate e exercício de sua cidadania.

1 Lei de Diretrizes e Bases da Educação e a revisão do art. 33 (1996-1997)

A partir da década de 1970, a formação de docentes para o Ensino Religioso passou a ser uma preocupação de entidades religiosas e/ou de instituições de Ensino Superior. Assim, nas décadas de 1970, 1980 e 1990, esta formação era realizada na modalidade de encontros, seminários, cursos de curta duração e outras, como forma de oferecer uma formação rápida em menor espaço de tempo.

A Conferência Nacional dos Bispos do Brasil (CNBB) foi uma das primeiras instituições que, a partir de 1974, ensejou os primeiros passos para a formação de professores de Ensino Religioso com a promoção de Encontros Nacionais para coordenadores e professores de Ensino Religioso que foi até 1998 (CARON, 2007, p. 35). A partir de 20 de dezembro de 1996, o Brasil passa a ter nova Lei de Diretrizes e Bases da Educação Nacional, denominada de Lei n. 9.394/1996. Nela, o art. 33 que trata do Ensino Religioso repetiu práticas confirmadas desde o Brasil colônia sem considerar avanços quanto a linguagem, identidade e novas posturas e práticas do cotidiano de professores, e em relação ao conteúdo e formas de linguagem inclusiva na sala de aula, e de um ER que tem como objeto o fenômeno religioso.

Nesse sentido, movimentos de professores e em extensão, de várias representações de segmentos da sociedade envolvidos na compreensão de um Ensino Religioso de diálogo com o diferente, de respeito pela liberdade religiosa, conseguem a implementação de uma nova Lei que altera a redação do art. 33 da LDB pela redação do mesmo artigo na compreensão do que diz a Lei n. 9.475/1997, sancionada pelo Presidente da República em 22/07/1997.

O ER já era disciplina de matrícula facultativa e parte integrante da formação básica do cidadão. A partir da Lei n. 9.475/1997, é reforçado de que o Ensino Religioso, de matrícula facultativa, continua parte integrante da formação básica do cidadão, constitui-se disciplina dos horários normais das escolas públicas de educação básica; assegura o respeito à diversidade cultural religiosa do povo brasileiro e veda quaisquer formas de proselitismo.

Numa leitura de Caron (2005, p. 16) entende-se que a partir da Lei n. 9.475/1997, de 22 de julho de 1997, o Ensino Religioso passa a ser compreendido como "uma área de conhecimento que afirma a abertura do ser humano ao Transcendente, contribuindo decisivamente para o desenvolvimento do cidadão em suas relações consigo mesmo, com o outro, com o mundo e com a divindade". No processo da educação, o Ensino Religioso tem sua parcela de contribuição para a formação do cidadão, independente da raça, cor, cultura e religião ao direito de participação na construção do exercício da cidadania.

Nesta direção no § 1º é repassada aos Sistemas de Ensino a responsabilidade com a formação de professores: "Os sistemas de ensino regulamentarão os procedimentos para a definição dos conteúdos do Ensino Religioso e estabelecerão as normas para a habilitação e admissão dos professores" (BRASIL, 1997). E o § 2º vai tratar da entidade civil: "Os sistemas de ensino ouvirão a entidade civil, constituída pelas diferentes denominações religiosas, para a definição dos conteúdos do Ensino Religioso" (BRASIL, 1997).

Lembramos que na maioria dos estados da Federação, anterior a essa lei já havia a organização de grupos, conselhos ou associações formadas por diferentes denominações religiosas. A referida Lei mantém nos estados a "entidade civil" cuja função é a de prestar assessoria aos Sistemas de Ensino, isto é, às Secretarias de Estado da Educação (SEEs) quanto ao Ensino Religioso. Assim, na sequência, vamos refletir sobre diretrizes e a formação de professores de Ensino Religioso.

2 Diretrizes Nacionais e a formação de professores de Ensino Religioso

A aprovação, em 1º de julho de 2015, das Diretrizes Curriculares Nacionais para a formação inicial e continuada de professores, segundo Honório et al. (2017) marca uma nova etapa para políticas de formação de professores para atuação no magistério da educação básica. A história da formação de professores para a educação básica no Brasil é marcada por avanços e retrocessos. O mesmo ocorre com a formação específica de professores de Ensino Religioso.

Em nosso entendimento, as orientações do Fórum Permanente para o Ensino Religioso apontam pistas fundamentais e sempre em construção para o trabalho educativo no Ensino Fundamental. Espera-se que nesse percurso os professores a partir de sua formação inicial possam mediar para que os estudantes possam: compreender sua identidade religiosa em uma construção em reciprocidade com o outro e na percepção da ideia do Transcendente, expressas de maneira diversa pelos símbolos religiosos; perceber os símbolos mais importantes da sua Tradição Religiosa e os da Tradição de seus colegas; entender os diferentes significados dos símbolos religiosos na vida e convivência das pessoas e grupos, assim como o valor da reverência ao Transcendente, que é Um só e expresso de maneiras diversas pela simbologia religiosa.

Para o Fonaper, pelo entendimento das práticas religiosas diferenciadas, o educando valorizará o direito à expressão religiosa do outro e, pelas descrições das representações culturalmente diferentes do Transcendente, aprenderá a conviver, respeitar e reverenciar o Transcendente do outro. Partimos da compreensão de Klein (2007, p. 49) de que

> é possível também desenvolvermos valores como respeito às diversas religiões e formas de expressão. Mostrar que a tolerância às diferenças é muito importante, pois dessa forma aprendemos um com o outro. Mesmo que sejamos de religiões diversas, podemos ter o mesmo princípio humanitário, buscando objetivos comuns, como a paz, a união e a solidariedade.

Surge daí nossa insistência de que se o Ensino Religioso é área de conhecimento, deve ser intencionalmente planejado, fazer parte dos projetos pedagógicos escolares e sobretudo estar inserido no processo de formação inicial e continuada de pedagogos e pedagogas. O Ensino Religioso, a partir dos referenciais curriculares e dos textos legais, é componente curricular que deve estar, obrigatoriamente, em todos os currículos escolares. Essa obrigatoriedade não significa catequese, mas processo de construção do conhecimento a partir do diálogo com os diferentes que estão no caminho da construção da identidade. Enfatizamos ainda, como Junqueira (2002, p. 29), que

> O Ensino Religioso [...] não pode se manter apenas conceitualmente. Ele é real, tem uma episteme própria, localiza-se ao lado de outros campos de saber e acrescenta, à visão sobre a realidade, mais um modo de discuti-la para compreendê-la.

Compreendemos que este é um importante passo para a construção de uma formação docente para o Ensino Religioso, a qual concretize como lugar privilegiado para o protagonismo docente. Lugar onde os diferentes sujeitos possam falar, ouvir, ver, sentir, ensinar, aprender, pensar, resistir, concordar, discordar, escrever, ler, ou seja, onde podem tecer suas histórias, se perceberem como produtores de culturas e transformadores da sociedade. Uma formação de forma consistente e compartilhada na qual, de maneira indissociável, desenvolverá as dimensões do ensinar/educar/aprender do Ensino Religioso em um processo contínuo de complexificações crescentes.

2.1 Formação de professores de Ensino Religioso

A formação de professores, seja ela inicial e/ou continuada, é sempre um desafio. Depende de efetivas políticas públicas para tal. Neste rol entram também os professores de Ensino Religioso. O Estado de Santa Catarina, visando atender o que propunha a Lei de Diretrizes e Bases da Educação Nacional de 1996, foi pioneiro em oferecer cursos de graduação com habilitação em Ensino Religioso, que teve início em 1996 por meio do Programa Magister.

O § 2º da Lei n. 9.475/1997 vem reforçar a necessidade de implementação de políticas públicas para a formação de professores, assim, vem ao encontro do que prescreve o art. 67 que define e delega aos sistemas de ensino as competências de promoção e valorização dos profissionais da Educação, quando determina que

> os sistemas de ensino promoverão a valorização dos profissionais da Educação, assegurando-lhes, inclusive nos termos dos estatutos e dos planos de carreira do magistério público: I – Ingresso exclusivamente por concurso público de provas e títulos; II – Aperfeiçoamento profissional continuado, inclusive com licenciamento periódico remunerado para este fim; III – Piso salarial profissional; IV – Progressão funcional baseada na titulação ou habilitação, e avaliação do desempenho; V – Período reservado a estudos, planejamento e avaliação, incluído na carga de trabalho; VI – Condições adequadas de trabalho. § único. A experiência docente é pré-requisito para o exercício profissional de quaisquer outras funções de magistério, nos termos das normas de cada sistema de ensino (BRASIL, 1996).

Na LDB/96, o art. 87 da LDB definiu o prazo da Década da Educação, a iniciar-se um ano a partir da publicação da promulgação da LDB; no entanto, o prazo foi prorrogado de 2011 a 2020. Assim, segundo Caron (2013), secretarias estaduais e municipais de Educação buscaram definir políticas de consolidação de parcerias com Instituições de Ensino Superior, para a realização de cursos de licenciatura plena nas mais distintas áreas carentes de professores habilitados. Cita-se como exemplo: o Programa de Formação Continuada (PEC-SP), o Programa Magister de Santa Catarina (1996-2006), o projeto de formação organizado em "Jornadas Pedagógicas da Bahia", o Proformação Nordeste e outros. Temos, hoje, vários estados e Instituições de Ensino Superior viabilizando políticas públicas em vista da formação de professores, desenvolvendo-a por meio de Projetos de Educação a Distância. A partir de 1999, no Brasil a formação de professores foi viabilizada por meio da Plataforma Freire; em Santa Catarina foram incluídos cursos de habilitação em Ensino Religioso.

Para que os profissionais da Educação possam participar na elaboração e execução do Projeto Político-pedagógico, como define o art. 14 da LDB, necessariamente, o professor precisa de habilitação para exercer sua profissão com prazer, maestria, competência e segurança a fim de responder às necessidades que a sociedade lhe impõe. O art. 14 da LDB/96 atribui aos sistemas de ensino a responsabilidade quanto à definição de normas para a gestão democrática do ensino público e define os princípios de participação.

Os sistemas de ensino definirão as normas da gestão democrática do ensino público na educação básica, de acordo com as suas peculiaridades e conforme os seguintes princípios: I – Participação dos profissionais da Educação na elaboração do projeto pedagógico da escola; II – Participação das comunidades escolar e local em conselhos escolares ou equivalentes (BRASIL, 1996).

A necessidade de formação do professor munido de competência profissional desejada para o bom desempenho de sua atividade, a própria LDB nos art. 40 e 41 define,

> Art. 40 – A educação profissional será desenvolvida em articulação com o ensino regular ou por diferentes estratégias de educação continuada, em instituições especializadas ou no ambiente de trabalho.
>
> Art. 41 – O conhecimento adquirido na educação profissional, inclusive no trabalho, poderá ser objeto de avaliação, reconhecimento e certificado para prosseguimento ou conclusão de estudos (BRASIL, 1996).

Segundo Caron (2013), a formação de professores requer políticas públicas permeadas de ações concretas, para viabilizar a profissionalização da Educação e de seu profissional, considerando o que a Lei propõe e suas novas exigências. Nesse sentido, a partir da LDB de 1996, os art. 61 e 62 apontam as linhas gerais para a formação de professores, de modo a atender seus diferentes níveis e modalidades e estabelece procedimentos para essa formação:

> Art. 61 – A formação de profissionais da Educação, de modo a atender aos objetivos dos diferentes níveis e modalidades de ensino e às características de cada fase do desenvolvimento do educando, terá como fundamentos:
> I – A associação entre teorias e práticas, inclusive mediante a capacitação em serviço.
> II – Aproveitamento da formação e experiências anteriores em instituições de ensino e outras atividades.
>
> Art. 62 – A formação de docentes para atuar na educação básica far-se-á em nível superior, em cursos de licenciatura, de graduação plena, em universidades e institutos superiores de Educação, admitida, como formação mínima para o exercício do magistério na Educação Infantil e nas quatro primeiras séries do Ensino Fundamental, a oferecida em nível médio, na modalidade normal (BRASIL, 1996).

Assim sendo, frente às exigências da formação de professores para todos os componentes curriculares e mais, a Lei n. 9.475/1997, que atribui aos estados a definição de conteúdo de ER e o estabelecimento de normas para a habilitação de professores de ER, diferentes estados da Federação dão início, a partir de meados da década de 1990, a projetos de cursos de graduação, especialização para a formação de professores, incluindo também os de Ensino Religioso, como foi o caso do Estado de Santa Catarina que viabilizou Cursos de Licenciatura em Ciências da

Religião com habilitação para professores de Ensino Religioso. No entanto, o Brasil ainda carece de cursos de graduação para a formação de professores de Ensino Religioso.

Cursos de Licenciatura Plena em Ciências da Religião, Habilitação em Ensino Religioso, surgiram na década de 1990. Na verdade, em alguns estados como Santa Catarina, as lutas para ter um curso de licenciatura em ER vinham desde 1972. A efetivação das políticas de Curso de Licenciatura para habilitar professores de ER acontece a partir de 1996, com a implementação do Programa Magister. Para Rodrigues, Junqueira e Martins Filho (2015), a história da implantação de Cursos de Ciências da Religião no Brasil relatam outras iniciativas de cursos, a partir dos anos de 1990 e da segunda década do século XXI.

A Lei n. 9.475/1997 diz que cabe aos sistemas de ensino a definição de como viabilizar a formação de professores de ER. É importante que esse componente curricular, conforme escreve Junqueira (2016), esteja regulamentado nos sistemas de ensino por meio de resoluções e pareceres dos Conselhos Nacional, Estadual e Municipal de Educação, e incluindo-o no Projeto Político-pedagógico da escola com tratamento igual aos demais componentes curriculares, conforme o estabelecido nas Diretrizes Curriculares Nacionais Gerais da Educação Básica (Parecer CEB/CNE n. 22/2010 e Resolução CEB/CNE n. 4/2010).

Nessa perspectiva, defendemos a necessidade de uma formação pautada em outros parâmetros, exigindo-se uma mudança seja na organização estrutural ou acerca da organização do trabalho pedagógico. No contexto educacional brasileiro é necessário analisar as contradições e possibilidades nas quais a área curricular do Ensino Religioso tem sido desenvolvida. Entendemos, segundo Caron (2017), que o Ensino Religioso, reconhecido pelo Ministério da Educação como disciplina do conjunto das áreas do conhecimento, visa, entre outros objetivos, proporcionar ao educando o conhecimento dos elementos básicos que compõem o fenômeno religioso.

3 Diretrizes, programas e livros didáticos a partir de uma nova orientação para o Ensino Religioso

A partir dos cursos de formação de professores em licenciatura plena com habilitação em Ensino Religioso (1996), os manuais e livros didáticos até então passaram a ser questionados quanto ao conteúdo e à linguagem. Propostas de cursos em trabalhos de final do mesmo eram o de desenvolver temas que servissem de material didático aos professores. A intenção foi ótima, mas na prática nem sempre tais trabalhos foram disponibilizados.

Tem contribuído, e muito, a elaboração pelo Fórum Nacional Permanente do Ensino Religioso (Fonaper), dos Parâmetros Curriculares Nacionais do Ensino Religioso (Pcner), que marcam um novo paradigma para o componente curricular de ER. Os Pcner, a partir de 1997, definem como objeto do ER o fenômeno religioso, e a organização dos conteúdos se dá em cinco grandes eixos, que são: Culturas e tradições religiosas; Escrituras Sagradas (textos sagrados), teologias, ritos e *ethos*. Pesquisa realizada por Junqueira e Kluck (2018, p. 110), mostra que entre 1997 e 2014 tivemos 17 publicações.

Os materiais publicados após a promulgação da Lei de Diretrizes e Bases (1996) e a Lei n. 9.475/1997 são marcos para o Ensino Religioso, tendo em vista a orientação para uma perspectiva que considere a diversidade cultural e religiosa no país... Não obstante haver dezessete publicações no período (considerando a 1ª edição dessas obras), são escassos os materiais que atendam à orientação. Após o estabelecimento de critérios de análise dos materiais (KLUCK, 2015), foram encontrados somente dois volumes que se aproximam de um modelo que considera o fenômeno e a cultura plurirreligiosa.

O Ensino Religioso é um componente curricular; portanto, seu tratamento parte do pedagógico. O material didático orientativo do ER, também, passa pelo pedagógico. É a partir das Diretrizes Curriculares Nacionais do Ensino Fundamental, Resolução CEB n. 2 de 7 de abril de 1998, que o Ensino Religioso passou a ser reconhecido como área do conhecimento. Isso é importante, sobretudo quando se pretende construir uma proposta curricular para o Ensino Fundamental alicerçada na diversidade, na solidariedade, na formação das humanidades, centrada nos processos de interações humanas e tendo a produção e transmissão de conhecimentos como eixos norteadores. Ou seja, quando se pretende valorizar as relações e mediações que se dão entre os diferentes sujeitos: crianças e adultos/professores, adultos/professores e crianças e entre as próprias crianças.

Tais desafios nos possibilitam entender o currículo e a prática pedagógica em Ensino Religioso no Ensino Fundamental mergulhados nessas relações. Podemos afirmar que a profissão de professor e, consequentemente, a docência em Ensino Religioso são pautadas essencialmente nas relações humanas. Nessas relações, notamos que a criança/aluno não é, portanto, mero consumidor da aula ou puro e simples objeto de trabalho do professor, mas é, principalmente, sujeito ativo da atividade de ensino.

Nesse sentido, afirmamos a necessidade de elaborar uma proposta educacional com conteúdos humanizadores, a qual forneça ao professor suporte material (por meio da formação e da apropriação de conhecimentos), ajudando-o na seleção de conteúdos em Ensino Religioso que garantam às crianças/alunos a apropriação das máximas qualidades humanas.

Nossa pretensão é anunciar a formação intelectual como marca essencial da docência. E isso passa a ser possível quando o professor participa de processos de formação que o humaniza, intelectualiza e amplia sua formação cultural. Para o Ensino Religioso nossa "justificativa está baseada no princípio de que o Ensino Religioso é componente curricular da educação básica e de importância para a formação do cidadão e para seu pleno desenvolvimento como pessoa humana" (JUNQUEIRA, 2004, p. 27).

4 História e discussão do Ensino Religioso na Base Nacional Comum Curricular

Na história da educação brasileira o Ensino Religioso assumiu diferentes posturas e perspectivas teóricas e metodológicas que até 1980 teve predomínio de posturas confessionais e/ou interconfessionais. Foi somente a partir de 1980 que as transformações socioculturais provocaram mudanças paradigmáticas que também impactaram sobre o Ensino Religioso.

4.1 O Ensino Religioso

Ao longo da história da educação brasileira, o Ensino Religioso assumiu diferentes perspectivas teórico-metodológicas, geralmente de viés confessional ou interconfessional. A partir da década de 1980 as transformações socioculturais que provocaram mudanças paradigmáticas no campo educacional também impactaram no Ensino Religioso (BNCC, 2019). Em função dos promulgados ideais de democracia, inclusão social e educação integral, vários setores da sociedade civil passaram a reivindicar a abordagem do conhecimento religioso e o reconhecimento da diversidade religiosa no âmbito dos currículos escolares (BNCC, 2019).

A Constituição Federal de 1988 (art. 210) e a LDB n. 9.394/1996 (art. 33, alterado pela Lei n. 9.475/1997) estabeleceram os princípios e os fundamentos que devem alicerçar epistemologias e pedagogias do Ensino Religioso, cuja função educacional, enquanto parte integrante da formação básica do cidadão, é assegurar o respeito à diversidade cultural religiosa, sem proselitismos. Mais tarde, a Resolução CNE/CEB n. 04/2010 e a Resolução CNE/CEB n. 07/2010 reconheceram o Ensino Religioso como uma das cinco áreas de conhecimento do Ensino Fundamental de nove anos (BNCC, 2019).

Estabelecido como componente curricular de oferta obrigatória nas escolas públicas de Ensino Fundamental, com matrícula facultativa, em diferentes regiões do país, foram elaboradas propostas curriculares, cursos de formação inicial e continuada e materiais didático-pedagógicos que contribuíram para a construção do Ensino Religioso, cujas natureza e finalidades pedagógicas são distintas da confessionalidade.

A Resolução n. 04/2010 do Conselho Nacional de Educação/Câmara de Educação Básica integra o Ensino Religioso no âmbito dos componentes curriculares, classificando-o como área de conhecimento. Isso significa que devemos nos apropriar dos referenciais específicos do conhecimento religioso e principalmente do campo pedagógico para ministrar as aulas deste componente.

A Lei n. 9.475/1997 dá uma nova formulação ao art. 33 da LDBEN – Lei n. 9.394/1996 – e orienta sobre cinco dimensões sobre o componente curricular Ensino Religioso: 1) matrícula facultativa; 2) parte integrante da formação básica do cidadão; 3) disciplina do horário normal; 4) respeito à diversidade cultural religiosa; e 5) vedado o proselitismo.

Compreendemos que o componente curricular do Ensino Religioso lida com o conhecimento religioso numa perspectiva histórica e antropológica, e não com a doutrina de uma ou outra religião ou movimento religioso. Nessa perspectiva, numa leitura da Base Nacional Comum Curricular, entende-se que o Ensino Religioso busca construir, por meio do estudo dos conhecimentos religiosos e das filosofias de vida, atitudes de reconhecimento e respeito às alteridades. Tais finalidades se articulam aos elementos da formação integral dos estudantes, na medida em que fomentam a aprendizagem da convivência democrática e cidadã, princípio básico à vida em sociedade (BNCC, p. 437). Nessa perspectiva a socialização dos objetos de conhecimento não se dá de forma meramente informativa e nem na perspectiva da opção religiosa de vida pessoal, mas por meio de um processo de mediação permanente. Portanto, não lida simplesmente com a informação, mas integra a formação do ser e da sua alteridade, da diversidade e do respeito. O/a professor/a precisa manter uma atitude dialógica de acolhida e de respeito, de ouvir e falar, para que se tenha um ambiente propício para a apropriação do conhecimento do 1º ao 9º ano do Ensino Fundamental.

Na tessitura do currículo da educação básica o Ensino Religioso está inserido nas dimensões da história humana. Numa sociedade capitalista precisa contribuir para práticas mais solidárias nas quais a lógica de apenas ter insira também a dimensão do ser e do conviver. Precisamos de mais humanos que tenham o diálogo e a solidariedade como ações permanentes. É necessário pensar o Ensino Religioso enquanto espaço de aprendizagens, experiências pedagógicas, intercâmbios e diálogos permanentes, que visam o acolhimento das identidades culturais, religiosas ou não, na perspectiva da interculturalidade, direitos humanos e cultura da paz (BNCC, p. 437).

Na perspectiva e na realidade da diversidade cultural e religiosa do Brasil e do mundo o Ensino Religioso pode contribuir para que os/as educandos/as desenvolvam e mantenham um olhar e uma escuta sensível, possibilitando, dessa maneira, um ambiente de respeito e de aprendizagem significativa.

É preciso ficar evidente que o Ensino Religioso no espaço educativo não faz catequese. Tem como objeto de estudo o conhecimento religioso produzido nos diferentes campos de saberes, em especial as Ciências Humanas e Sociais.

O Ensino Religioso trabalha com base nas orientações epistêmicas, pedagógicas e curriculares sinalizadas nas Diretrizes Curriculares da Educação Básica e na Base Nacional Comum Curricular. Cabe ao Ensino Religioso tratar os conhecimentos religiosos a partir de pressupostos éticos e científicos, sem privilégio de nenhuma crença ou convicção. Isso implica abordar esses conhecimentos com base nas diversas culturas e tradições religiosas, sem desconsiderar a existência de filosofias seculares de vida (BNCC, p. 436). Nesse caminhar, o Ensino Religioso é componente curricular por excelência da pergunta e do questionamento. Só tem sentido na educação básica se seus ensinantes e aprendentes souberem que na busca do saber humano a pergunta é sempre geradora de aprendizagem. Então, espera-se que ao aprenderem sobre a diversidade cultural religiosa que permeia a formação do povo brasileiro nossos estudantes possam entender que a paz e a guerra, a inclusão e a exclusão, a opressão ou a libertação não são fatos naturais e lineares. Vão se dando na história, construída por homens e mulheres, sobretudo na relação que estabelecem com o fenômeno religioso.

Nessa perspectiva a contemporaneidade exige um Ensino Religioso inclusivo, onde as culturas e religiosidades de todos tenham valor e força conceitual. Não existe um saber maior em Ensino Religioso. Uma perspectiva inclusiva exige entender que todas as tradições e manifestações do sagrado fazem parte do caldeirão cultural que é o Brasil. Não há espaço para aprender com a intolerância e a discriminação.

Não faz mais sentido uma batalha jurídica, confessional ou estatal sobre a presença do Ensino Religioso na escola contemporânea. O que se precisa é que no processo de aprender no Ensino Fundamental, alteridades se fortaleçam, vivências sejam significativas, intolerâncias sejam destruídas, proselitismos sejam abandonados e o que vigore seja o ensino crítico e criativo de uma área fundamental para o nosso tempo: o Ensino Religioso.

Em outras palavras, fazer valer com qualidade epistemológica e pedagógica a Resolução CNE/CEB n. 04/2010 que legitima o Ensino Religioso como uma das cinco áreas de conhecimento da educação básica.

A escola não pode abrir mão de sua função social de socialização do conhecimento socialmente válido em cada momento da história. O Ensino Religioso não é para quem tem religião ou para quem não tem. O Ensino Religioso é para todos. Se compreendermos a educação básica como projeto de nação, e seus conhecimentos como fundamentais e indispensáveis a todo cidadão brasileiro, para melhor entendimento e intervenção no mundo, torna-se necessário entender neste contexto o Ensino Religioso como possibilidade de leitura de um mundo cada vez mais complexo e polissêmico.

Em um mundo aligeirado como o nosso, no qual as pessoas vivem com muita pressa, tudo acontecendo de forma rápida, rasteira, em volta de um ativismo exagerado, aprender a contemplar a beleza do universo e os valores humanos é algo complexo e desafiador. Essa rapidez nas ações cotidianas atropela cada um de nós, deixando-nos aflitos, assustados, esvaziados, muitas vezes, sem expectativas e projetos. Sabemos que é do ser humano a capacidade de ousar e sonhar. Nesta direção o Ensino Religioso por meio do diálogo e da pesquisa pode gerar aprendizagem em que o respeito às crenças e não crenças, e, sobretudo, as escolhas que realizamos diante da vida sejam respeitadas. O mundo não é só de uma cor, o mundo é multicor. Assim como as diferentes culturas e tradições religiosas.

Não é mais possível gerar aprendizagem no Ensino Religioso numa perspectiva bancária de Educação. O docente do Ensino Religioso precisa conhecer com profundidade a sua área, mas ter a humildade suficiente para entender que é da curiosidade e da pergunta que flui o desejo de aprender e conhecer e não das respostas prontas e do ensino hermético de conteúdos.

Surge daí nossa insistência que se o Ensino Religioso é área de conhecimento deve ser intencionalmente planejado, fazer parte dos projetos pedagógicos escolares e sobretudo estar inserido no processo de formação inicial e continuada dos profissionais da Educação. O Ensino Religioso, a partir dos referenciais curriculares e dos textos legais, é componente curricular que deve estar, obrigatoriamente, em todos os currículos escolares.

Com a compreensão da Base Nacional Comum Curricular e numa perspectiva interdisciplinar, a título de exemplo, num diálogo com o componente curricular de Língua Portuguesa percebemos o quanto o Ensino Religioso pode contribuir para que os estudantes se apropriem da linguagem escrita, reconhecendo a mesma como forma de interação, inclusive na forma ética de se comunicar com o outro.

O Ensino Religioso pode colaborar na compreensão por parte dos estudantes de textos diversos que tratem de diferentes temas e exigem posicionamento individual e coletivo. As aulas de Ensino Religioso precisam possibilitar que os estudantes leiam com fluência diversos textos, discutam com os colegas, realizem inferências e interpretem se colocando como seres no mundo. Os textos de Ensino Religioso no Ensino Fundamental podem possibilitar a avaliação e o diálogo das turmas de temas atuais que fazem parte de nosso cotidiano que tenham relação com o fenômeno religioso. As aulas de Ensino Religioso podem contribuir do 1º ao 9º ano no processo de produção textual dos estudantes.

Queremos reafirmar que é impossível lecionar ou ser docente de Ensino Religioso numa perspectiva fechada, de gabinete e sem diálogo com as outras áreas curriculares. Para gerar aprendizagem nos estudos o professor de Ensino Religioso precisa realizar projetos de parceria e integração com outros docentes que estejam disponíveis a realizarem outras práticas curriculares na educação básica.

As unidades temáticas e objetos de conhecimento do componente curricular Ensino Religioso permitem o professor trabalhar de forma interdisciplinar. As discussões das tradições religiosas judaico-cristãs, religiões ocidentais, orientais, afro-brasileiras e indígenas. Judaísmo, cristianismo (catolicismo e protestantismo, pentecostalismo, ortodoxismo), espiritismo (kardecismo), hinduísmo, budismo, islamismo, taoismo, confucionismo, wicca, jainismo, xintoísmo, candomblé, umbanda, religiões indígenas, dentre outros, podem ser alvo de análise não somente do professor de Ensino Religioso, mas dos demais professores componentes curriculares da educação básica, sempre em projetos de parcerias. Projetos integrados e trabalho colaborativo podem ser uma realidade no fazer pedagógico do Ensino Fundamental.

Assim entendemos, como Junqueira e Wagner (2004, p. 27),

> [...] que o Ensino Religioso é parte integrante essencial da formação do ser humano, como pessoa e cidadão, estando o Estado obrigado a promovê-lo, não só pela previsão de espaço e tempo na grade horária

> curricular da educação básica, mas também pelo seu custeio, quando não se revestir de caráter doutrinário ou proselitista, possibilitando aos educandos acesso à compreensão do fenômeno religioso e ao conhecimento de suas manifestações nas diferentes denominações religiosas.

A formação, nesses termos, exige que se parta da prática pedagógica, problematizando-a, para buscar a sua instrumentalização por meio da teoria e que responda às demandas práticas para se chegar à reflexão da prática social, resultando em mudanças reais nas concepções dos profissionais. Tendo como parceira a universidade, como *locus* a instituição e partindo da prática pedagógica dos profissionais para avançarmos e transformarmos o que nos parece impossível: uma formação intelectual como marca da docência do professor dos anos iniciais do Ensino Fundamental. É preciso uma formação docente voltada às especificidades do ser professor em todos os componentes curriculares.

Nossa perspectiva de currículo e Base Nacional Comum Curricular caminha pelo viés que considera os processos educativos escolares constitutivos e construtores de relações humanas, crianças, professores, que sendo humanos carregam diversas formas de culturas, memórias, valores, identidades, universos simbólicos e imaginários; portanto, tomamos como objeto de preocupação de constituição do conhecimento as dimensões do ensinar, educar e aprender, as quais envolvem os dois atores: crianças e professores. Entendemos que o currículo de Ensino Religioso não é um espaço reservado para a legitimação, a doutrinação ou a evangelização, de expressão de ritos, símbolos, campanhas e celebrações. Os conteúdos curriculares do Ensino Religioso estão relacionados com as diversas manifestações do sagrado que constituem o conhecimento religioso, patrimônio cultural da humanidade.

Ressaltamos que o currículo e o projeto político-pedagógico da escola devem explicitar claramente as condições e os meios necessários para que a concepção de educação seja efetivada em sua concretude. Isso significa que a escola (constituída por todos os profissionais), ao elaborar e executar seu projeto de educação precisa desenvolver discussões sobre as concepções que permeiam sua proposta curricular. Argumentamos que essa ideia segue um movimento que denota o debate e o embate sobre o que se faz na escola (no campo das práticas pedagógicas, das experiências escolares) e suas concepções (no campo das ideias, das intenções) para assim poder elaborar um currículo que expresse e interaja com as concepções e as práticas didáticas escolares.

Ao falarmos em Ensino Religioso optamos pela construção de um currículo que respeite a diversidade e transite por caminhos da interdisciplinaridade. Em nossa compreensão, as práticas didáticas escolares precisam ser pensadas considerando as transformações sociais produzidas pela história humana, bem como as diferenças socioculturais e seus reflexos nos processos escolares. Tais transformações não são lineares, mas estão presentes na realidade material do trabalho e nas relações sociais. Nesse caso, o desenvolvimento humano se amplia e se constitui a partir das relações sociais, e o homem, como um sujeito histórico que tem sua existência mediada pela cultura e pelas condições objetivas de vida, apresenta-se como síntese das próprias relações sociais que estabelece.

Referências

BRASIL. *Resolução n. 7/2010* – Fixa Diretrizes Curriculares Nacionais para o Ensino Fundamental de nove anos, em 14/12/2010 [Disponível em http://portal.mec.gov.br/dmdocuments/rceb007_10.pdf – Acesso em 25/04/2015].

______. *Resolução n. 4/2010* – Define Diretrizes Curriculares Nacionais Gerais para a Educação Básica, em 13/07/2010 [Disponível em http://portal.mec.gov.br/dmdocuments/rceb004_10.pdf – Acesso em 25/04/2015].

______. *Plano Nacional de Educação – PNE (2001)* [Disponível em http://portal.mec. gov.br/arquivos/pdf/pne.pdf – Acesso em 25/04/2015].

______. *Resolução CEB n. 2 de 7 de abril de 1998*. Brasília, 1998.

______. *Lei de Diretrizes e Bases da Educação Nacional n. 9.475/1997, de 22 de julho de 1997* – Dá Nova Redação ao art. 33 da Lei n. 9.394/1996 que estabelece as Diretrizes de Base da Educação Nacional. Brasília: Diário Oficial [da] República Federativa do Brasil/Congresso Nacional, 1997 [Disponível em http://www.planalto.gov.br/ccivil_03/Leis/19475.htm – Acesso em 26/04/2015].

______. *Lei de Diretrizes e Bases da Educação Nacional* – Diário Oficial [da] República Federativa do Brasil (1996), Lei n. 9.394/1996. Brasília: Poder Legislativo, 23/12/1996, p. 27.833 [Disponível em https://www.planalto.gov.br/ccivil_03/Leis/L9394.htm – Acesso em 29/03/2015].

______. *Constituição da República Federativa do Brasil (1988)*. Promulgada em 05/10/1988. Brasília: Diário Oficial da União, n. 191-A de 05/10/1988 [Disponível em http://www.planalto.gov.br/ccivil_03/constituicao/constituicaocompilado.htm – Acesso em 26/04/2015].

______. *Decreto n. 91.542/1985* – Institui o Programa Nacional do Livro Didático, dispõe sobre sua execução e dá outras providências [Disponível em http://www2.camara.leg.br/legin/fed/decret/1980-1987/decreto-91542-19-agosto-1985-441959-norma-pe.html – Acesso em 21/05/2016].

BRASIL/Ministério da Educação/Conselho Nacional de Educação/Câmara de Educação Básica. *Resolução n. 7 de 14 de dezembro de 2010* – Fixa Diretrizes Curriculares Nacionais para o Ensino Fundamental de nove anos. *Diário Oficial da União*, Brasília, 15/12/2010, seção 1, p. 34 [Disponível em http://portal.mec.gov.br/dmdocuments/rceb007_10.pdf – Acesso em 07/11/2017].

CARON, L. *Formação de professores*: contexto histórico e trajetória do ensino religioso no sistema estadual catarinense. São José: Icep, 2017.

______. *Políticas e práticas curriculares* – Formação de professores de Ensino Religioso. São Paulo: PUC-SP, 2007 [Tese de doutorado].

______. "Ensino religioso: um olhar retrospectivo a partir da legislação atual". In: FUCHS, H.L. et al. (orgs.). *Ensino religioso na escola*: bases, experiências e desafios. São Leopoldo: Oikos, 2005, p. 16.

CARON, L. & LIMA, L.C. "Formação de Professores e Políticas Públicas: algumas reflexões". In: *Anais do XI Congresso Nacional de Educação* – Educere, 2013. • *II Seminário Internacional de Representações Sociais, Subjetividade e Educação*. • *IV Seminário Internacional de sobre Profissionalização Docente* – Formação para mudanças no contexto da Educação: políticas, representações sociais e práticas. Curitiba: PUCPR, 23-26/09/2013.

FONAPER. *Parâmetros Curriculares Nacionais de Ensino Religioso*. São Paulo: Mundo Mirim, 2009.

HONÓRIO, M.G. "As novas diretrizes curriculares nacionais para formação inicial e continuada de professores da educação básica: entre recorrências e novas inquietações". In: *Riaee* – Revista Ibero-Americana de Estudos em Educação, vol. 12, n. 3, jul.-set./2017, p. 1.736-1.755.

JUNQUEIRA, S.R.A. *Materiais didáticos para o componente curricular Ensino Religioso visando a implementação do art. 33 da Lei n. 9.394/1996 revisto na Lei n. 9.475/1997* – Projeto CNE/Unesco 914BRZ1009.2. Brasília, 22 de abril de 2016.

JUNQUEIRA. S.R.A. & KLUCK, C.R. "Ensino religioso e livro didático: interfaces históricas". In: *Estudos de Religião*, vol. 32, n. 2, mai.-ago./2018, p. 89-116.

JUNQUEIRA, S.R.A.; MENEGHETTI, R.G.K. & WASCHOWICZ, L.A. *Ensino Religioso e sua relação pedagógica*. Petrópolis: Vozes, 2002, p. 29.

JUNQUEIRA, S.R.A. & WAGNER, R. (orgs.). *Ensino religioso no Brasil*. Curitiba: Champagnat, 2004, p. 27.

KLEIN, R. "Práxis do Ensino Religioso: olhares em perspectivas e novos olhares em formação". In: WACHS et al. (orgs.). *Simpósio de Ensino Religioso* – Práxis do Ensino Religioso na escola. São Leopoldo: EST/Sinodal, 2007, p. 49.

MEC. *BNCC – Base Nacional Comum Curricular (2017)* [Disponível em http://basenacionalcomum.mec.gov.br/images/BNCC_EI_EF_110518_versaofinal_site.pdf Pesquisa – Acesso em 23/05/2019].

MINISTÉRIO DA EDUCAÇÃO. "O Ensino Religioso na Base Nacional Comum Curricular". In: *Revista Diálogo Religião e Cultura* – Cuidar da Casa Comum, ano XXIV, n. 94, abr.-jun./2019, p. 54-60.

PEC-USP. *Programa de Formação Continuada* [Desenvolvido pela Universidade de São Paulo em convênio com a Pontifícia Universidade Católica de São Paulo (PUC-SP), da Fundação Vanzolini e da Fundação de Apoio à Faculdade de Educação (Fafe)] [Disponível em http://www.scielo.br/scielo.php?script=sci_arttext&pid=S1516-73132008000100012 – Acesso em 31/08/2019].

Proformação – Curso a distância, de formação para o magistério, em nível médio [Disponível em http://portal.mec.gov.br/ultimas-noticias/210-1448895310/2826-sp-1971777766 – Acesso em 31/08/2019].

RODRIGUES, E.M.F.; JUNQUEIRA, S.R.A. & MARTINS FILHO, L.J. *Perspectivas pedagógicas do Ensino Religioso* – Formação inicial para um profissional do Ensino Religioso. Florianópolis: Insular, 2015.

Sugestões de textos/material acessíveis online

1) LOURENÇO, C.S. & GUEDES, M.S. "O STF é o Ensino Religioso em escolas públicas: pluralismo educacional, laicidade estatal e autonomia individual". In: *Revista de Investigações Constitucionais*, vol. 4, n. 3, 2017, p. 145-165 [Disponível em https://revistas.ufpr.br/rinc/article/view/54375/33440].

2) RANQUETAT JÚNIOR, C. "Do confessional ao plural: uma análise sobre o novo modelo de Ensino Religioso nas escolas públicas brasileiras". In: *Revista Diálogo Educacional*, vol. 8, n. 28, 2008, p. 289-305 [Disponível em https://periodicos.pucpr.br/index.php/dialogoeducacional/article/view/4051].

3) JUNQUEIRA, S. "Ensino religioso na perspectiva da escola: uma identidade pedagógica". In: *Revista Interações*, vol. 4, n. 5, 2009, p. 245-256 [Disponível em http://periodicos.pucminas.br/index.php/interacoes/article/view/6697].

2

Ciência(s) da Religião: um quadro de referências para o Ensino Religioso

Emerson Sena da Silveira
Doutor em Ciência da Religião – Antropólogo (UFJF)
Professor – Departamento/Programa de Pós-Graduação em Ciência da Religião (UFJF)

Dayana Dar'c e Silva da Silveira
Mestra em Ciência da religião (UFJF)
Professora de Ensino Religioso (EJA) – Rede estadual

Introdução

> *Para definirmos religião é preciso que nos libertemos de toda ideia preconcebida.*
> Citado por Émile Durkheim (1858-1917), sociólogo e pedagogo francês, em sua obra *As formas elementares da vida religiosa*, de 1912.

Refletir sobre a relação entre as Ciências da Religião (CR) e o Ensino Religioso (ER) é um desafio; primeiro, porque é uma relação recente (algumas décadas); segundo, porque o Ensino Religioso não tem uma estrutura nacional e uniforme de funcionamento, embora a BNCC (Base Nacional Comum Curricular), aprovada em 2017, estabeleça uma orientação pedagógica geral e padronizada e terceiro porque, em geral, as relações entre o conhecimento teórico-acadêmico e a realidade pedagógica, no chão da escola, por vezes duro e árido, são cheias de vaivéns. Há, aí, um caminho de mão dupla, da teoria à prática e da prática à teoria. Se os professores e estudantes não fizerem este caminho, o ER se engessa e perde a maleabilidade, assim como a CR perde a capacidade de pensar novas perspectivas e se revitalizar com os elementos da experiência concreta. A partir desse quadro, apresentaremos uma breve história da Ciência da Religião (CR), uma problematização sobre sua nomenclatura, suas relações com a Teologia, métodos, autores e objeto e, por fim, o relato de uma experiência pedagógica junto ao sistema carcerário estadual.

1 Uma história da Ciência da Religião: raízes

São distintas e diferentes as narrativas que podemos tecer sobre o surgimento, a importância e a atualidade da Ciência da Religião ou das Ciências da Religião. Uns vão buscar na Grécia antiga, nos primeiros pensadores, dos pré-socráticos (séculos VII-V a.C.) a Sócrates (470-399 a.C.), Platão (428-347 a.C.), Aristóteles (384-322 a.C.) e Diógenes de Sinope (404 ou 412-323 a.C.), a raiz mais antiga do pensamento racional – o *logos* – sobre a religião e o sagrado. Nasceria aí a diferença entre o pensamento mítico e o pensamento filosófico racional.

Pré-socráticos: primeiros sábios gregos que propuseram uma explicação racional para o mundo e seus fenômenos. Aspectos comuns: pensaram a natureza (*physis*) e a organização racional do universo a partir de um princípio ou elemento primordial; elaboraram uma cosmologia (razão que rege o mundo/a natureza) e buscavam a relação de causalidade entre os fenômenos da natureza.

O primeiro pensamento, ao englobar as narrativas míticas e poéticas – como a das antigas tradições orais gregas transformadas em obras escritas como a *Ilíada* e a *Odisseia* – foi contraposto ao segundo, que se orientou por uma apreciação racional do *mythos*, uma visão "externa" que questionava e deslocava os deuses e explicações religiosas para segundo plano.

Todavia, é certo que as reflexões sobre a religião, em chave crítica ou em chave analítica, são feitas no mundo ocidental de muitos modos, mas os principais estão nas obras de filósofos e pensadores como David Hume (1711-1776), Jean Jacques Rousseau (1712-1778), Friedrich Schleiermacher (1768-1834), Georg Wilhelm Friedrich Hegel (1770-1831), Arthur Schopenhauer (1788-1860), Ludwig Feuerbach (1804-1872) e Friedrich Nietzsche (1844-1900), entre alguns dos mais elementares.

A influência desses pensadores foi decisiva para o nascimento das Ciências da Religião no final do século XIX, quando, ao lado dessas ideias, foi acrescida a pesquisa documental e empírica: arqueologia, paleontologia, análise linguística, observação sistemática, etnografia, análise discursiva-documental de ritos, mitos e sistemas mágicos de civilizações, tradições orais e/ou escritas e povos oriundos da África, Ásia, Oceania, Américas e Europa profunda (rural, camponesa e pagã ou pagã sincretizada com o cristianismo) e da Bíblia, escritura sagrada dos cristãos.

Todos eles, pertencentes a diferentes correntes ou escolas filosóficas, pensaram a religião a partir de termos e conceitos racionais-reflexivos-críticos, distanciando-se da apologia ou elogio da religião e do controle e censura que, às vezes, as instituições religiosas impõem sobre seus filiados. Podemos, por exemplo, fazer referência aos cruéis poderes institucionais, citando Giordano Bruno (1548-1600), padre, místico, filósofo, matemático e pensador queimado nas fogueiras da Inquisição, não obstante a luta de alguns membros eclesiásticos para salvá-lo. A máquina inquisitorial foi uma secular estrutura complexa e multifacetada da Igreja Católica que, em que pese a intenção de defender a fé (aquilo que se entendia por ortodoxia), produziu perseguição, censura e morte.

Vejamos uma das possibilidades de estudar a religião como um produto humano, aquela que pode ser encontrada na obra de Immanuel Kant (1724-1804), filósofo germânico. Na obra *A crítica da razão pura*, publicada em 1781, emerge o lugar que permite a análise e estudo da religião: "*A nossa época é a época da crítica*, à qual tudo tem que se submeter. A religião, pela sua santidade, e a legislação, pela sua majestade, querem igualmente subtrair-se a ela [razão crítica]" (KANT, 2001, p. 5 – grifo dos autores]. Em 1793, o filósofo germânico escreveu uma obra mais específica, "A religião nos limites da simples razão", na qual enquadra os dogmas (pecado original) e ideias cristãs (Deus, liberdade e imortalidade), dentro do quadro da razão crítica. O livre e público exame da religião – crítico, analítico e descritivo – é uma das conquistas do mundo moderno, pois trouxe a autonomia, independência e reflexividade para as Ciências Sociais e Humanas, as Ciências da Religião e a Teologia, ao menos aquela produzida de forma acadêmica e crítica.

No entanto, foi no século XIX, após os anos de 1850, que as atividades de crítica e reflexão se tornaram sistemáticas, institucionalizadas e distintas. Entre 1875 e 1914, mais ou menos, nascem na Europa e nos Estados Unidos as primeiras cátedras universitárias dedicadas ao estudo exclusivo da religião ou das religiões. Era a história comparada das religiões ou história das religiões que emergia como disciplina científico-acadêmica nas universidades.

Quem primeiro cunhou o termo foi o filósofo e historiador Max Müller, que propôs a expressão "ciência das religiões" ou "ciência comparada das religiões" ao utilizá-la no prefácio do primeiro volume de sua obra lançada em Londres, no ano de 1867. O desenvolvimento das Ciências da Religião, Ciência da Religião, ou Ciências das Religiões nos permite afirmar que elas se constituem em um empreendimento acadêmico dedicado ao estudo histórico e sistemático das religiões concretas, as do passado ou as do presente.

O surgimento das atividades de investigação racional do fenômeno religioso deve ser lido como fruto de um imenso conjunto de transformações, eventos e processos históricos e sociais que o mundo viveu, muito disso devido à expansão do capitalismo como modo de produção e organização da sociedade desde o século XVI, o Século das Grandes Navegações, até a Revolução Industrial, em suas distintas fases (industrial e tecnológica) que se estendem ao momento presente.

A religião passou a ser problematizada, criticada, analisada e desnaturalizada; ou seja, passou a ser vista como produto social, humano e político – e não apenas como revelação divina e sobrenatural, inquestionável – e ocupou uma nova posição, a de fenômeno a ser investigado, assim como os fenômenos naturais e humano-sociais. Mas que religião?, podemos nos perguntar. O singular – usado no termo – oculta questões e problemas, aos quais devemos dar atenção.

Alguns dos fundadores da Ciência da Religião

- Friedrich Max Müller (1823-1900), orientalista e filologista comparativo alemão que desnudou as estruturas míticas e linguísticas presentes nas fontes literárias e documentais de povos civilizados como os hindus.
- Cornelius Petrus Tiele (1830-1902), considerado um dos iniciadores da Ciência da Religião ou Ciências da Religião. Observe que ambos distinguiram as Ciências da Religião da Teologia e defenderam que a religião fosse estudada de forma científica e sem finalidades religiosas práticas.

Do século XVII ao XIX e começo do XX, aumentaram a quantidade de estudos, pesquisas e museus, e trouxeram ao mundo ocidental a percepção real da pluralidade religiosa do mundo fora e dentro da Europa: 1) religiões antigas, como a dos egípcios ou a dos gregos, com seu panteão de deuses e deusas e mitologia; 2) religiões orientais como o budismo e o hinduísmo (seus mitos, escritos e ensinamentos, obras de arte, grupos internos, diferenças); 3) narrativas míticas e rituais "religioso-mágicos" dos povos e etnias "primitivas", alguns redescobertos na África, Austrália, Américas, Ásia; 4) redescoberta de antigas expressões religiosas orais, cultos, mitos e rituais mágico-religiosos presentes em aldeias e áreas, em geral rurais ou de sítios arqueológicos e históricos, da Europa; 5) investigação arqueológica, histórica, filológica e linguística da Bíblia (em seu conjunto), mostrando que seus livros, escritos durante um longo período, possuem estilos/gêneros literários diferentes, foram reunidos pouco a pouco segundo critérios religiosos, políticos, estéticos e literários, e estão cheios de referências míticas, históricas e culturais e podem ser lidos como poesia e como mitologia.

As Ciências da Religião e a Teologia, emancipadas do dogmatismo duro e intolerante e do cativeiro restritivo de instituições religiosas, ocuparam espaços universitários de pesquisa e ensino, se propagaram por muitos países, desenvolveram teorias sobre a religião, elaboradas por autores e escolas de pensamento e investigação da dimensão religiosa (SILVEIRA, 2018; RIES, 2019).

Dogma: conjunto de ideias e noções que uma tradição religiosa considera elementar e essencial.
Dogmático e dogmatismo: dificuldade de refletir sobre as ideias e noções que uma tradição religiosa considera essencial e elementar.

Na Europa, em especial na Alemanha, desde o século XIX, Ciência(s) da Religião e Teologia se tornaram duas áreas acadêmicas com departamentos e programas de pós-graduação em universidades públicas.

No Brasil, somente entre 1960 e 1970, desenvolveram-se as primeiras graduações e pós-graduações em Ciências da Religião, inspiradas em modelos europeus e estadunidenses. A subárea de Teologia ficou restrita às universidades privadas confessionais e algumas não confessionais, mais recentemente. Em sua maioria, esses cursos estão ligados a instituições de Ensino Superior privadas ou comunitárias religiosas (católicas e protestantes). Entre 30 e 35% dos cursos de pós-graduação e graduação em Ciência da Religião estão em universidades públicas, estaduais ou federais (SENRA, 2016; 2018).

Desde essa época, temos um problema que as Ciências da Religião enfrentam, o de perspectiva pela qual os fenômenos religiosos são compreendidos: a religião é uma estrutura ou essência permanente, atemporal, e ilimitada na vida humana e social ou a religião é uma construção temporal, social, cultural, política, uma atividade que os seres humanos realizam em seu processo de interação com o cosmo, a natureza, a sociedade e seus semelhantes. Apesar das respostas apontarem para distintas concepções, há uma convergência, definir religião é uma tarefa complexa e exigente que passou a ser feita no mundo ocidental moderno a partir do surgimento do Capitalismo, da Sociedade de Mercado e do Estado Moderno (ASAD, 2010). A exigência de uma língua, um mercado, uma legislação e instituições, acopladas a uma identidade, trouxe a necessidade de, em alguma medida, definir o que é e o que não é religião. As definições se sucedem, mas nunca esgotam o fenômeno real e concreto; portanto, serão sempre provisórias e dependentes do ponto de vista que se adota para definir os fenômenos religiosos.

O Colonialismo e o Imperialismo europeu e estadunidense, em sua ânsia de riquezas e de novos mercados, produziram no século XIX um contato violento e cruel com tribos, culturas e sociedades diferentes e que possuíam ritos, mitos e práticas mágicas específicas, riquíssimos, quase destruindo tudo. Tornou-se um imperativo para os centros de pesquisa e investigadores europeus e estadunidenses coletar informações, objetos, relatos orais dessas sociedades, em seu lugar de origem, e lutar em defesa de patrimônios ameaçados pelo avanço exploratório e extrativista. Dessa violenta relação nasceu como subproduto a antropologia cultural e social e as ciências que investigaram novas formas de conceber o mundo não empírico (sagrado, espiritual, sobrenatural), contrapontos ao avanço da destruição dos modos de vida e cultura ancestrais.

O Colonialismo e o Imperialismo assumem novas formas e faces, a chinesa, por exemplo e, em geral, não usam mais armas e exércitos oficiais como usaram, mas lançam mão de violências simbólicas, pressões econômicas e políticas e colonização cultural. Diante disso, novamente, o pensamento humano produziu novas teorias críticas ao colonialismo, as correntes decoloniais e pós-coloniais, valorizando-se os conhecimentos e as tradições nativas, vistas com dignidade epistemológica, crítica às formas de ocultamento da dominação existentes por parte das grandes religiões hegemônicas, inclusive o próprio conceito de religião e sagrado, uma invenção ocidental específica (ASAD, 2010).

Como ser um bom leitor?

Ler e conversar sobre o que se leu é abrir novos mundos dentro de si. O melhor leitor não tem preconceitos em ler sobre tudo, política, literatura, arte, sexualidade, religião e autores/pensadores como Karl

Marx (1818-1883), Adam Smith (1723-1790), Charles Darwin (1809-1882), Sigmund Freud (1856-1939), Paulo Freire (1921-1997). Mas, *há dois modos*, um de *cabeça cheia*, que é um *des-ler*, outro de cabeça *vazia*, que é um abrir-se. Na leitura de *cabeça cheia* você lê o texto, mas com uma ideia fixa projetada. O ato de ler se torna um pretexto para suas crenças e valores e impõe uma camisa de força no texto. Não há vontade de ler, mas vontade de confirmar as ideias nas quais se acredita. Não se consegue ler autores e livros que pensam diferente do que acredita. A leitura cabeça aberta é o *melhor modo de ler*: entende-se o que lê, compreendendo o texto em sua inteireza e sob a luz de perspectivas diversificadas. É *leitura* capaz de *ampliar* o *universo* sem usar "óculos" que distorcem o texto. Não é possível criticar bem o que não se leu bem. Para *ser um bom profissional*, o caminho é ser um *leitor de cabeça vazia*, aumentar o vocabulário a cada leitura, cultivar e refinar as próprias reflexões.

Por isso, é importante conhecer as Ciências da Religião para uma boa prática pedagógica. É preciso ser um bom leitor para ser um bom conhecedor das teorias e ser, portanto, um bom professor que transpõe para a sala de aula os conteúdos disciplinares, em atividades lúdicas e questionadoras.

2 Ciência(s) da(s) Religião(ões)

O singular aponta para uma concepção, unicista, unitária, enfeixada por um método, que tende a ser o fenomenológico. O plural, para uma concepção pluralista e enfeixada por métodos e perspectivas diversas. As nomenclaturas estão ligadas às tradições acadêmicas e as concepções epistemológicas dos primeiros investigadores. Em que pesem as diferenças, abriga-se na prática uma realidade plural, métodos e teorias variadas para o estudo da religião. Por outro lado, o "pensamento religioso, a descrição analítica da religião e a reflexão conceitual-categorial sobre a religião são atividades imemoriais" (DIERKEN, 2011, p. 10). São atividades diversas, às vezes conflituosas entre si.

O pensamento religioso está ligado àquilo que as religiões e instituições religiosas produzem como dogmas e proposições sobre o ser humano, o mundo, a natureza, o cosmos, o sofrimento, a injustiça, o mal, a morte, o nascimento, as origens. A descrição da religião está ligada à observação atenta e registrada reflexivamente das estruturas, símbolos, hierarquias, doutrinas, rituais, mitologias, tradições escritas e/ou orais, pensamentos de quaisquer religiões e expressões religiosas e espirituais. Coaduna-se com a segunda competência específica para o Ensino Religioso prevista na BNCC: "Conhecer os aspectos estruturantes das diferentes tradições/movimentos religiosos e filosofias de vida, a partir de pressupostos científicos, filosóficos, estéticos e éticos".

Quando olhamos a sexta competência prevista para o Ensino Religioso na BNCC, "analisar as relações entre as tradições religiosas e os campos da cultura, da política, da economia, da saúde, da ciência, da tecnologia e do meio ambiente", também converge para a atividade de descrição detalhada do fenômeno religioso.

A reflexão conceitual-categorial sobre a religião está ligada à reflexão filosófica que vai além da empiria, do concreto, do que aparece (fenomenologia) aos olhos no campo religioso, e se coloca como meta-empírica. As três atividades descritas representam a Teologia, como conhecimento racional sobre questões de fé religiosa, a Ciência da Religião, como conhecimento descritivo-conceitual-concreto sobre os fenômenos religiosos e a Filosofia da Religião, como conhecimento meta-empírico sobre a realidade.

3 Relações entre Ciência da Religião e Teologia

A divisão segundo diferentes disciplinas da ocupação científica com a religião, e suas pretensões concorrentes entre si, é um fenômeno da Modernidade (DIERKEN, 2011). Por isso, a diferenciação formal entre "teologia, filosofia da religião e ciência da religião teve lugar somente como consequência do Esclarecimento (*Aufklärung*) durante o século XVIII, nos diz Dierken" (2011).

A Teologia, no entanto, ocupa-se das questões, abstratas ou concretas, relativas à verdade ou não verdade de conteúdos religiosos – pertinentes a cada tradição ou expressão religiosa – à compatibilidade do sentimento religioso com a moralidade ou às normas da vida em sociedade, e que mudam no decorrer das transformações sociais, histórico-culturais e econômicas (DIERKEN, 2011).

A(s) Ciência(s) da Religião não se arroga(m) em julgar o que é verdade ou não, nem decidir, no sentido normativo, entre um dogma religioso ou outro, entre uma religião ou outra (CAMURÇA, 2008). Seu anseio é compreender as expressões religiosas em sua imensa variedade concreta, histórica e empírica. Por esta ótica, não existe uma religião verdadeira e nem uma essência eterna presente em todas as religiões. Os diferentes sistemas religiosos trazem a certeza que não se pode pensar num sagrado para além das constituições históricas ou em uma ideia de continuidade entre formas primitivas e civilizadas de religião como se fosse uma evolução de algo "inferior" para algo "superior".

Teologias ou teologia? Em geral, o termo é usado para o conhecimento racional e acadêmico desenvolvido no cristianismo e suas famílias católica, protestante e ortodoxa. A teologia, como reflexão racional, abrange muitas áreas: teologia conservadora, feminista, negra, teologia da libertação, teologia gay/queer, teologia do corpo. Uma grande teóloga feminista brasileira, que vale a pena conhecer, Ivone Gebara, trabalha em uma perspectiva crítica da teologia tradicional. Todavia, alguns dizem que a teologia pode se referir também ao pensamento que as religiões desenvolvem sobre sua história, valores e sentidos. Por exemplo, o termo teologia tem sido aplicado ao esforço de reflexão sistemática de religiões como a Umbanda: teologia da umbanda ou teologia umbandista. Há, em São Paulo, uma faculdade de teologia umbandista, credenciada pelo MEC. Há, também, um curso EAD de umbanda, conduzido por umbandistas e pesquisadores formados em filosofia, direito que defendem o uso de novos termos como *umbandalogia*. Links: https://umbandaead.com.br e https://umbandaead.blog.br

---

Na perspectiva da Ciência da Religião, segundo Dierken (2011), temos: *epoché* (suspensão) das convicções pessoais de verdade; uso de métodos históricos, sociológicos, antropológicos, arqueológicos, linguísticos, psicológicos, cognitivos, discursivos, documentais; distanciamento em relação às instituições religiosas e a seus juízos; olhar comparativo sobre diferentes culturas religiosas e crítica aos juízos de valor. Na perspectiva da Teologia: participação no ponto de vista interno à religião; explicação de sua convicção de verdade e justificação diante de interpelações; avaliação normativa de fenômenos religiosos empíricos; e tarefas práticas de formação para membros do clero (DIERKEN, 2011).

Ao lado destas fronteiras entre Teologia e Ciência da Religião existem áreas de confluência. A Ciência da Religião, embora baseada em métodos de observação, pode se inspirar na crítica da religião (DIERKEN, 2011). O ponto de partida da Teologia não deixa de lado a convicção de verdade religiosa, mas pode trazer a crítica de pontos de vista religiosos (DIERKEN, 2011). A Teologia acadêmica pública, mais presente na Europa (Alemanha), contribuiu para desenvolver métodos científicos de estudo como a filologia crítica e a história da religião quando se debruçou, por exemplo, sobre a origem, a composição, a autoria, a estrutura, os personagens e os tipos de discursos presentes nos livros bíblicos. Segundo Dierken (2011), a Teologia precisa integrar, em seu discurso, as perspectivas resultantes dos campos de referência, compostos pela Ciência Moderna: Biologia, Genética, Física, Astronomia, Cosmologia, Ciências Sociais, História, Geografia, Psicologia, Filosofia e Ciências da Religião.

A religião, termo de origem latina, é um conceito central para a Teologia e as Ciências da Religião, mas é um dos mais complexos e difíceis. Em geral acentuam-se alguns significados, como *re-ligare*, religar uma dimensão transcendental a uma imanente, céu e terra, celeste e terrestre, sobrenatural e natural. Mas, a construção da categoria "religião" se baseou em línguas e costumes europeus (STEIL & TONIOL, 2013). Grande parte das línguas nativas não tem palavras para definir o que os ocidentais pensam entender que é "religião" e "religioso". Quem o diz é Talal Asad (2010), saudita de nascimento, criado no Paquistão, filho de pai judeu convertido ao islamismo, e representante da escola antropológica pós-colonial. Esse pensador vai além, ao afirmar que não é possível separar *a priori* (de partida), de modo absoluto e natural, os símbolos religiosos daqueles que não o são. O que é religião e o que não é, dependem do contexto histórico, social, cultural, econômico e político. A Modernidade, segundo Asad, remodelou os laços entre religião e Estado ao instituir um modo de relação a partir do qual religião passa a ser tema de regulação social e estatal (VELHO, 2007).

É difícil transpor para textos escritos, costumes ou ideias fora de seus contextos específicos, pois, quando traduzidas, perdem poder explicativo e podem ser utilizadas como forma de dominação por quem os traduz, como afirma Talal Asad. Assim, por meio da noção clássica de religião, de tipo ocidental e monoteísta, os nativos são vistos como "locais" enquanto os cristãos são vistos como se fossem "universais". O cristianismo foi uma religião minoritária/local quando surgiu há 2.000 anos na Palestina e seus padrões culturais eram contextuais e não "universais", situação que durou ao menos 400 anos, até o momento em que o Império Romano a adotou como religião oficial e ocorreu a fusão entre estruturas políticas romanas/latinas e estruturas religiosas cristãs, fusão mediada pela apropriação da cultura grega e de seus maiores filósofos como Platão e Aristóteles. É preciso, portanto, propor uma outra leitura sobre o conceito de religião, mais equilibrada e histórica, menos sacralizadora (STEIL & TONIOL, 2013; CAMURÇA, 2018).

Para a escola de pensamento decolonial e pós-colonial, a concepção de universalidade acaba por justificar, sem que se perceba conscientemente, a sobreposição do mundo e dos valores ocidentais em cima dos demais povos e expressões religiosas. Decorre daí uma imposição que pode censurar ou matar injustamente, modos de ver e sentir divergentes do padrão religioso visto como "universal" ou "central" (intolerância religiosa, perseguição e violência).

Submetida a inúmeras críticas e perguntas, o conceito de religião é, então, ampliado e desfaz-se a ideia de que seria algo natural, permanente e fora do tempo e espaço. Com isso, as Ciências da Religião ampliam seu olhar e ajudam o Ensino Religioso a ver mais compreensivamente as expressões religiosas em sua multiplicidade. No Brasil, muitas religiões – católicos, evangélicos, judeus, muçulmanos, em especial as religiões afro-brasileiras, são objeto de preconceito e perseguição, e é papel do Ensino Religioso, amparado pelos estudos das Ciências da Religião, produzir conhecimento e formação para superar a ignorância, o desconhecimento, a violência religiosa (oculta ou manifesta) e o preconceito.

Cabe ao professor e professora especial cuidado com atitudes de preconceito e etnocentrismo, que não podem passar despercebidas, mas devem ser trabalhadas de forma criativa e trazidas à tona para que a classe/turma o percebam, problematizem e se encontrem modos pedagógicos de ampliar a compreensão e a aceitação das diferenças. O *bullying* contra minorias religiosas, afro-brasileiros, muçulmanos e ateus, por exemplo, deve ser imediatamente percebido e combatido. Piadas depreciativas, isolamento ou invisibilidade de alunos e alunas de minorias religiosas, desrespeito a crenças ou a objetos de fés religiosas, demonização da religião do outro – presentes em ideias erradas como "Exu é diabo ou demônio" – não devem ser minimizadas ou ignoradas, mas devem ser objeto de um trabalho pedagógico de reflexão, conscientização e superação. Por isso, a/o professora/o deve ampliar sua compreensão e leitura sobre as religiões.

4 Objeto, método e autores

Os fenômenos religiosos, se você observar bem, estão nas manchetes dos grandes jornais ou dos pequenos blogs, está no Congresso, é assunto frequente em redes eletrônicas, rodas de famílias e de amigos, está na sala de aula, está no cotidiano. E está relacionado – em concorrência, aliança, oposição, conflito – às dimensões da vida social, cultural, econômica, artística, política, científica e sexual. Estudá-los é tarefa das Ciências da Religião. Por isso, o cientista da religião Frank Usarski (2013, p. 51-52) afirma: "o *status* institucional da disciplina é, em parte, fruto de uma demanda pública no sentido da relevância prático-social da disciplina que, por sua vez, sanciona o apoio político e material por órgãos públicos", e continua: "A essa demanda corresponde uma oferta da Ciência da Religião no sentido de produção de um conhecimento específico não fornecido por nenhuma disciplina acadêmica".

Estudar a floresta (religião) e a árvore (religião específica, concreta) simultaneamente é um desafio. Ao longo da história e em especial no século XX e XXI, assistimos à multiplicação dos métodos e temas das Ciências da Religião (FILORAMO & PRANDI, 2016). Hoje é difícil para um pesquisador dominar todas as especialidades ou temáticas dentro de uma área ou disciplina.

Ao pesquisar um tema como os símbolos religiosos no espaço público, os rituais da umbanda ou do candomblé, os parlamentares evangélicos conservadores no Congresso Nacional, as igrejas evangélicas inclusivas e acolhedoras sem restrições da população LBGTQI+ (lésbicas, bissexuais, transgêneros, travestis, transsexuais, queers, indeterminados e outros, como assexuados), você perceberá três aspectos: a existência de diversos/diferentes estudos, artigos, livros e pesquisadores sobre a temática escolhida; a necessidade de constante delimitação e indagação científica e a necessidade de abordagens interdisciplinares, que articulem história, psicologia, sociologia, antropologia, filosofia e teologia, dentre outras, e seus autores e escolas variadas.

O antropólogo inglês E.E. Evans-Pritchard (1902-1973) afirmou que não se trata de um professor ou um pesquisador ter ou não uma religião, qualquer que seja, mas de refletir sobre as expressões religiosas como fatos sociais, fatos da cultura e da história, pois não dependem de nossa vontade para existirem, existem simplesmente como práticas religiosas. Com três exemplos, você entenderá o que tentamos dizer: o culto a Santa Morte, muito difundido no México e nos Estados Unidos, reúne migrantes, narcotraficantes, milícias paramilitares, famílias de sequestrados, policiais e exército, em torno dessa santa, protetora da morte violenta (assassinato, traição etc.), e, por sua vez, congrega aspectos católicos, aspectos das culturas ancestrais presentes antes da chegada dos dominadores espanhóis e aspectos modernos, ligados às mídias, a estética e ao consumo.

No segundo e terceiro exemplos, temos as igrejas evangélicas inclusivas no Brasil, dentre elas a Igreja da Comunidade

Metropolitana em São Paulo, com a primeira pastora transexual do Brasil e a Rede Nacional de Grupos Católicos LGBTQI+, ambos com páginas oficiais no Facebook, Instagram, Youtube e notícias nos jornais. Essas igrejas e grupos aceitam incondicionalmente a orientação de gênero, afeto e sexo dos seus membros e das pessoas em geral, em especial os que integram o grande espectro LGBTQI+.

Se você, com a ajuda das Ciências da Religião, se aproximar mais de perto das expressões religiosas cristãs, judaicas, orientais, afro-índio-brasileiras (jurema, umbanda, candomblé), perceberá aspectos múltiplos, diferenças interna, riqueza de concepções sobre a vida, a morte, o sofrimento, a saúde, a doença que podem ser trazidas, de forma criativa, para a sala de aula. Todavia, a/o professora/o deve ter sempre senso de crítica e diferenciar, por exemplo, as ideias das lideranças e hierarquias religiosas e as dos leigos, não especialistas e pessoas comuns. Por isso, é fundamental que você conheça as principais escolas teóricas, os autores clássicos, os temas fundamentais para não se perder na floresta dos estudos da religião. O método de análise das Ciências da Religião não parte do pressuposto da existência de uma essência do sagrado imune ao tempo, ao espaço (atemporal e além-espacial), às relações de poder e violência, aos problemas sociais e políticos. O ângulo e o método usados no estudo das religiões variam porque existem diversas teorias, métodos e escolas (pluralismo teórico e metodológico) (RIES, 2019). Um dos objetivos é o de desfazer preconceitos, ideias e imagens – às vezes são teimosas e nos dificultam a compreensão – que vêm antes de investigarmos mais detidamente um tema religioso (SILVEIRA, 2018). Os métodos fenomenológicos procuram ressaltar os caracteres transversais e essenciais do fenômeno religioso e de suas linguagens, entrando no cerne da dimensão religiosa, vista como dimensão autônoma.

Os métodos etnográficos-antropológicos (etnografia clássica, multissituada ou multilocal, netnografia) procuram investigar especificidades e peculiaridades presentes nas entrelinhas e periferias das expressões religiosas, apontando diferenças entre o oficial e o não oficial, entre os níveis e dimensões simbólicas e concretas de uma religião (CAMURÇA, 2008).

Os métodos antropossociológicos (funcionalista, estruturalista, interpretativista), entendem a religião ou as religiões como produto da sociedade, perscrutando sua função, identificando sua estrutura e interpretando seus símbolos e sentidos. Os métodos históricos (marxista, econômica, positivista, Escola dos *Annales*) procuram ver os fenômenos religiosos em sua dimensão temporal, intrinsecamente ligados à economia, à política, à cultura, aos símbolos, às instituições e à vida cotidiana.

Os métodos quantitativos procuram quantificar ou mensurar, de forma rigorosa, os fenômenos religiosos (práticas, crenças ou quaisquer elementos passíveis de quantificação).

Os métodos psicológicos procuram perceber a religião a partir da psiquê e de suas estruturas profundas (mente, personalidade etc.). Os métodos geográficos buscam entender a religião ou os fenômenos religiosos dentro do espaço e do território, em interação com a política, a economia e a cultura.

Os instrumentos auxiliares aos métodos são diversos: entrevistas (fechada, aberta, semiaberta), análise de conteúdo, análise de discurso, análise de arquivos, análise comparativa de fontes primárias/secundárias, questionários (com respostas binárias ou múltiplas), enquetes e pesquisas quantitativas, análise documental, análise linguística, análise histórica, estatísticas etc. (SILVEIRA, 2018).

A seguir, vejamos, resumidamente, alguns autores e livros/textos fundamentais a partir de seis grandes perspectivas, divididas em dois quadros:

Quadro 1 Alguns autores, livros e/ou textos nas Ciências da Religião

Perspectiva	Autores	Livros e/ou textos (artigos e ensaios) Em português: traduzidos e acessíveis (compra ou PDF na internet)
Fenomenológica	Rudolf Otto (1869-1937)	*O sagrado*
	Joachim Wach (1898-1955)	*Introduction to the History of Religion*; *Sociology of Religion*; *Types of Religious Experience (Christian and Non-Christian)*; *The Comparative Study of Religions*
	Gerard van der Leeuw (1899-1950)	*Phänomenologie der Religion*; *Religion in Essence and Manifestation: A Study in Phenomenology*
	Antônio G. de Mendonça (1922-2007)	*A cientificidade das Ciências da Religião*; *A persistência do método fenomenológico na Sociologia da Religião; Pentecostalismo e as concepções históricas e sua Classificação*; *Igrejas protestantes e negros no Brasil*; *O celeste porvir: a inserção do protestantismo no Brasil*
Histórica	Mircea Eliade (1907-1986)	*História das ideias e crenças religiosas* (3 vols.); *Mito e realidade*; *Tratado de história das religiões*; *O sagrado e o profano*; *Imagens e símbolos*; *O conhecimento sagrado de todas as eras*; *Mitos, sonhos e mistérios*; *O xamanismo e as técnicas arcaicas do êxtase*
	Raffaele Petazzoni (1883-1959)	*O método comparativo*; *Dio, formazione e sviluppo del monoteismo nella storia delle religioni*; *L'essere supremo nelle religioni primitive*; *Storia delle religioni*; *Saggi di storia delle religioni e di mitologia*; *Religione e società*
	Jean Delumeau (1923-)	*As grandes religiões do mundo*; *História do medo no Ocidente*; *O que sobrou do paraíso*; *Nascimento e afirmação da Reforma (protestante)*; *O cristianismo vai morrer?*

Perspectiva	Autores	Livros e/ou textos (artigos e ensaios) Em português: traduzidos e acessíveis (compra ou PDF na internet)
Histórica	Carlo Ginzburg (1939-)	*Os andarilhos do bem: feitiçaria e cultos agrários nos séculos XVI e XVII*; *Mitos, emblemas, sinais*; *O queijo e os vermes: o cotidiano e as ideias de um moleiro perseguido pela Inquisição*
Sociológica	Émile Durkheim (1858-1917)	*As formas elementares da vida religiosa*; *O suicídio: estudo de sociologia*
	Max Weber (1864-1920)	*A ética protestante e o "espírito" do capitalismo*; *Sociologia da Religião*; *Rejeições religiosas do mundo e suas direções*; *Psicologia social das religiões mundiais*; *The religion of China*; *The religion of India*
	Peter Berger (1929-2017)	*O dossel sagrado*; *Imperativo herético*; *Rumor de anjos*; *Os múltiplos altares da Modernidade*
	Pierre Bourdieu (1930-2002)	*Gênese e estrutura do campo religioso*; *A dissolução do religioso*
	Cristian Parker (1953-)	*Religião popular e modernização capitalista; Outra lógica na América Latina*
	Cândido Procópio Camargo (1922-1987)	*Kardecismo e umbanda*; *Igreja e desenvolvimento*; *Católicos, protestantes, espíritas*
	Antônio Flávio Pierucci (1945-2012)	*Sociologia da religião: área impuramente acadêmica*; *O desencantamento do mundo: todos os passos do conceito em Max Weber*; *A religião como solvente: uma aula*; *De olho na modernidade religiosa*; *Interesses religiosos dos sociólogos da religião*

Fonte: elaboração dos autores, 2019.

Há mais classificações incluindo as ciências naturais ou da saúde e sua relação com os fenômenos religiosos: ciências cognitivas da religião, por exemplo. Continuando o quadro, as três perspectivas restantes, a antropológica, a psicológica e a geográfica:

Quadro 2 Autores, livros e/ou textos nas Ciências da Religião

Perspectiva	Autores	Livros ou Textos (artigos e ensaios) Em português: traduzidos e acessíveis (compra ou PDF na internet)
Antropológica	Arnold Van Gennep (1873-1957)	*Os ritos de passagem*; *Religions mouers et legendes*; *O folclore*
	Marcel Mauss (1872-1950)	*O ensaio sobre a dádiva*; *Esboço de uma teoria geral da magia*; *Mélanges d'histoire de religions* (com Henri Hubert); *Ensaio sobre a natureza e a função do sacrifício* (com Henri Hubert)
	Bronislaw Malinowski (1884-1942)	*Magia, religião e ciência*; *Os argonautas do Pacífico Ocidental*
	Mary Douglas (1921-2007)	*Pureza e perigo*
	Claude Lévi-Strauss (1908-2009)	*O suplício do Papai Noel*; *O pensamento selvagem*; *O olhar distanciado*; *A eficácia simbólica*; *O feiticeiro e sua magia*; *Mito e significado* • Mitológicas: *O cru e o cozido*; *Do mel às cinzas*; *A origem dos modos à mesa*; *O homem nu*
	Victor Turner (1920-1983)	*O processo ritual: estrutura e antiestrutura*; *Floresta de símbolos: aspectos do ritual Ndembu*; *Drama, campos e metáforas*
	Evans Pritchard (1902-1973)	*Bruxaria, oráculos e magia entre os Azande*; *Antropologia social da religião*; *A dança*

Perspectiva	Autores	Livros ou Textos (artigos e ensaios) Em português: traduzidos e acessíveis (compra ou PDF na internet)
Antropológica	Clifford Geertz (1926-2006)	*A religião como sistema simbólico; Do ponto de vista do nativo; O beliscão do destino: a religião como experiência, sentido, identidade e poder*
	Talal Asad (1932-)	*A construção da religião como categoria antropológica; Formations of the secular: Christianity, Islam, Modernity*
	Câmara Cascudo (1898-1986)	*Religião do povo; Dicionário do Folclore Brasileiro; Lendas brasileiras; Superstição no Brasil; Made in África; Contos de animais*
Psicológica	Sigmund Freud (1856-1939)	*Totem e Tabu; Moisés e o monoteísmo; O futuro de uma ilusão; O mal-estar na civilização*
	William James (1842-1910)	*A vontade de crer; As variedades da experiência religiosa*
	Carl Jung (1875-1961)	*Psicologia e religião; Psicologia e alquimia; Símbolos da transformação; Resposta a Jó; Psicologia e religião oriental; Interpretação psicológica do Dogma da Trindade; O símbolo da transformação na missa*
Geográfica	Zeny Rosendahl (1945-)	*Hierópolis, o sagrado e o urbano; Primeiro a obrigação, depois a devoção; Trilhas do sagrado; Espaço e religião: uma abordagem geográfica; Uma procissão na geografia*
	Câmara Cascudo (1898-1986)	*Geografia dos mitos brasileiros*

Fonte: elaboração dos autores, 2019.

Optamos por deixar neste texto as clássicas divisões, alertando para o fato de que há pesquisas e estudos no campo das ciências naturais e da saúde, por exemplo, os estudos sobre a relação entre mente, cérebro e religião.

Você deve observar que em cada grande perspectiva existem diferenças e correntes divergentes. Por exemplo, dentro da perspectiva psicológica existe a ênfase nas estruturas simbólico-inconscientes e a ênfase nas estruturas cognitivas-comportamentais. Na perspectiva antropológica temos as correntes/ escolas difusionista-culturalista, funcionalista, estruturalista, semiótica ou interpretativista, pós-modernista e pós-colonial. Todavia, é importante que a/o professora/o conheçam perspectivas, autores e livros para uma boa formação e leitura interdisciplinar, sem a qual não é possível uma boa prática pedagógica.

No chão da escola, cada turma é diferente da outra e, portanto, devemos considerar contextos sociais, familiares, regionais e municipais. O olhar do/a professor/a precisa ser treinado para perceber, na sala de aula, as riquezas e afirmações vindas do alunado, mas também as dificuldades e as negações relativas ao ensino laico e plural do Ensino Religioso.

Abaixo propomos um quadro em que, resumidamente, estão indicados ano escolar, objetos de conhecimento e sugestões:

Quadro 3 Ano, objetos de conhecimento e sugestões

Ano	Objetos de conhecimento	Casos/problemas/sugestões
1º ano (5/6 anos)	• O eu, o outro e o nós. • Imanência e transcendência. • Sentimentos, lembranças, memórias e saberes.	Quem é o aluno/aluna; quais as minorias religiosas presentes; que estruturas familiares estão ali; quais são as vivências religiosas familiares de fato (o que leem, o que praticam, em que acreditam).
2º ano (6/7 anos)	• O eu, a família e o ambiente de convivência. • Memórias, símbolos e alimentos sagrados.	

Ano	Objetos de conhecimento	Casos/problemas/sugestões
3º ano (7/8 anos)	• Espaços, territórios, práticas e indumentárias religiosas.	Espaços sagrados em que vivem/viveram alunos/familiares; território; práticas e vestimentas religiosas na lembrança dos alunos; significado, práticas e vestuários das religiões em perspectiva histórica: religiões antigas, religiões atuais (cristãos, em suas divisões, católico, anglicano, protestante, ortodoxo; judeus; islâmicos (xiitas e sunitas); budistas; hinduístas; indígenas etc.
4º ano (8/9 anos)	• Ritos, representações religiosas na arte e ideia(s) de divindade(s).	Definições de rito; rituais de religiões antigas e atuais, pinturas rupestres a contemporâneas; arquitetura (templos) de religiões antigas às atuais; mitos e lendas de povos "primitivos" e religiões, inclusive do cristianismo (a Bíblia é um arsenal de narrativas míticas e poéticas).
5º ano (9/10 anos)	• Narrativas e mitos nas tradições religiosas. • Ancestralidade e tradição oral.	Relatos que os alunos ouviram; contar histórias; histórias das expressões religiosas; quais as narrativas religiosas da comunidade local; seleção de mitos e ritos das religiões; relatos dos vários povos indígenas brasileiros e outras regiões do planeta; pesquisa sobre indígenas que habitaram a região/local; nomes indígenas.
6º ano (10/11 anos)	• Tradição escrita dos ensinamentos sagrados. • Ensinamentos da tradição escrita.	Escritos sagrados: Bíblia (católica e protestante), Alcorão, Torá, Talmude, Tripitaka (do budismo), Mahabharata, Bhagavad Gita, Upanishad, Vedas (hinduísmo), escritos sagrados de pequenas tradições – apresentar a história e a sociologia da longa constituição desses escritos.

Ano	Objetos de conhecimento	Casos/problemas/sugestões
7º ano (11/12 anos)	• Místicas e espiritualidades. • Lideranças religiosas. • Princípios éticos e valores religiosos. • Liderança e direitos humanos.	Lideranças nas várias religiões; quem são os líderes religiosos na comunidade local (eventos pedagógicos com presença e fala); líderes das diversas religiões; líderes religiosos brasileiros e internacionais; direitos humanos, história (da Revolução Francesa à Declaração da ONU em 1948, após a 2ª Guerra Mundial e as convenções internacionais), e importância; intolerância religiosa; violência de gênero nas religiões.
8º ano (12/13 anos)	• Crenças, convicções e atitudes e doutrinas religiosas. • Crenças, filosofias de vida e esfera pública. • Tradições religiosas, mídias e tecnologias.	Definições de crença e de doutrina; doutrinas religiosas; filosofias de vida; presença das religiões nas mídias, novas e antigas; tecnologias e religião.
9º ano (13/14 anos)	• Imanência e transcendência. • Vida e morte. • Princípios e valores éticos.	Definições de imanência e transcendência (variam nas religiões, há religiões sem transcendência); concepções de vida e de morte nas religiões; ética, suas principais definições (ética pragmática, ética de valores; ética de responsabilidade) e a relação com as tradições religiosas (orais e escritas).

Fonte: elaboração dos autores com base na BNCC, 2019.

Atenção especial deve ser dada às minorias religiosas: suas ideias, valores e símbolos tendem a ser mais ocultados, incompreendidos e perseguidos. Dentro da própria tradição cristã, maioria em nosso país, é possível fazer uma ponte para a visibilização das minorias religiosas contemporâneas: o cristianismo e seu fundador, Jesus de Nazaré, foram, em sua época, um pequeno grupo sociorreligioso, que se dividiu em diversas comunidades, perseguidas por maiorias religiosas hebreias.

5 Ciência da Religião e Ensino Religioso: relato de caso

Para finalizar o texto, vejamos uma pequena história de vivência pedagógica com Ensino Religioso em ambiente ainda mais desafiador. Como coautora deste texto, sou licenciada em Ciências da Religião pela Universidade do Estado do Pará e mestre em Ciência da Religião pela Universidade Federal de Juiz de Fora. Comecei a dar aulas no sistema prisional em 2017 (Juiz de Fora) para homens que cumprem pena em regime fechado. A escola prisional oferece apenas o Ensino Fundamental em três turmas, manhã e à tarde (anos iniciais) e quatro turmas, manhã e tarde (anos finais).

Antes de prosseguir, é preciso refletir sobre o sistema prisional. Em 2019, o Conselho Nacional de Justiça (CNJ) contabilizou em torno de 812.564 pessoas presas. Após os Estados Unidos e a China, está o Brasil. De acordo com o Departamento Penitenciário Nacional (Depen), a população prisional cresce 8,3% ao ano e, veja que realidade cruel, 80% dos detentos não possuem documentos básicos. Nunca se prendeu e massacrou tanto.

A Constituição de 1988 e a legislação penal e civil garantem os direitos humanos e o princípio da ressocialização e reintegração do preso à sociedade a partir da educação e do trabalho, excetuando-se casos específicos como assassinos em série. Segundo os maiores especialistas em segurança pública, o Brasil prende mal, tem 69% de superlotação, investiga pouco e mata sem necessidade (em 2017, foram 6 mil mortos pela polícia) (AMPARO, 2019). No ano de 2018, em São Paulo, menos de 4% dos homicídios dolosos, estupros, latrocínios, roubos e furtos foram esclarecidos (AMPARO, 2019).

Mais um dado importante é por quais crimes se prende: por tráfico de drogas, cerca de 24%; crimes não violentos como furto são 8% (AMPARO, 2019). Todavia, mais de 40% dos presos não foram julgados e/ou condenados em definitivo e aguardam a sentença há meses e anos. O sistema tende a condenar pessoas que cometem pequenos crimes com base apenas na fala dos policiais. Na cidade de São Paulo, em 2017, "de 4 mil sentenças de primeiro grau sobre tráfico de drogas julgados, 84% dos processos tiveram testemunho exclusivo de policiais", um dado que mostra o racismo institucional, pois os brancos qualificados como usuários para consumo pessoal são quase 50% mais do que negros (AMPARO, 2019). Há, em muitos estados, o fortalecimento das facções criminosas, o que tornou a situação ainda mais complexa.

O Supremo Tribunal Federal reconheceu há pouco tempo que o sistema prisional brasileiro é impróprio à vida, um "estado de coisas inconstitucional": torturas, superlotação e tratamentos desumanos. Não há dignidade humana que resista: o índice de suicídio de agentes penitenciários é alto, a corrupção grassa, os problemas se avolumam, sem que os governos, federal e estaduais procurem resolver. Há iniciativas (adoção de penas alternativas, novos sistemas de ressocialização), mas ainda são poucas diante da tragédia humanitária que são as prisões brasileiras.

É com essa realidade que trabalho, mas com agravantes, a tensa relação entre professores, alunos e agentes penitenciários que, algumas vezes, manifestam um descrédito em relação aos direitos sociais dos presos. A rotatividade dos alunos durante os bimestres é grande, há matriculados e não frequentadores das aulas, há apenados que abandonam a escola para trabalhar, por exemplo, na faxina do pavilhão ou pequenos serviços internos, já que ganham mais remição; ou seja, diminuição da pena proferida. O processo de remição é ainda mais lento no caso da frequência escolar.

Os alunos têm perfis variados: jovens, idosos, brancos, negros; alguns estiveram em liberdade e voltaram a cumprir pena; alguns cumprem longas penas e veem na escola a possibilidade de ressocialização e remição. Nas turmas dos "anos finais" estão concentrados numa mesma sala de aula alunos da 1ª, 2ª, 3ª e 4ª etapas. As aulas de Ensino Religioso têm duração de 40 minutos, uma aula por semana.

A Igreja que mais se faz presente na dura realidade prisional, com cultos frequentes, é a Igreja Universal do Reino de Deus. As opiniões dos alunos apenados dividem-se: alguns gostam de ouvir e/ou cantar os hinos e as pregações; outros criticam e um deles afirmou que "a maioria dos pastores são falsos, mais pecadores que a gente". A crítica também se dirige à ênfase no dinheiro como mediador do sagrado, a denominada teologia da prosperidade. Alguns alunos criticam seus companheiros de encarceramento, pois, em sua fala, seria comum o sujeito se intitular pastor, começar a fazer pregações, cultos e orações, mas quando surge a oportunidade de sair para trabalhar, largam o "rebanho" e vão ganhar a sua remição por trabalho.

Os aprisionados-alunos denominam-se evangélicos, católicos, cristãos ou apenas dizem que acreditam em Deus/Jesus, mas raros assumem religiões não cristãs. Nos cadernos, nas paredes da sala de aula e nas carteiras podemos facilmente observar frases sobre Deus, Jesus e fé. De forma geral, os presos em processo de recuperação demonstram interesse na disciplina, são curiosos, perguntam sobre outras religiões e falam sobre suas vivências pessoais fora e dentro da prisão. Quando pergunto quais as religiões que eles conhecem, em geral as respostas apontam evangélica/crente, católica, espírita e "macumba", o que mostra um amplo desconhecimento sobre as tradições afro-brasileiras. A maçonaria desperta curiosidade e os alunos a veem como uma religião misteriosa e secreta. Existem também falas preconceituosas e discursos carregados de medo em relação às religiões afro-brasileiras, como umbanda e candomblé, e diante das quais procuro ouvir e perceber qual o momento em que poderei intervir para "puxar" a consciência para a compreensão.

É comum fazerem perguntas carregadas com desejos de confirmação: "Mas o nosso Deus é o único que salva e é verdadeiro, né?" "Só existe um Deus, né, professora?" Essas perguntas precisam ser destrinchadas e devolvidas aos alunos para que percebam o que está embutido: o etnocentrismo, a dificuldade em enxergar além do senso comum. Após a exposição didática, alguns perguntavam "e na sua opinião, existe ou não existe Deus?", "a senhora acredita em vida após a morte?" Eu posso dar qualquer explicação, mas sempre tem um "e na sua opinião, o que a senhora acha?" Eu digo que as minhas crenças são pessoais, que eu não estou ali para ajuizar se a religião A, B ou C são certas ou erradas, pois ali estou como professora de uma disciplina que visa mostrar e refletir, ancorada em pressupostos éticos e científicos, sobre as manifestações religiosas de diferentes culturas e sociedades. Por isso, todo início de semestre – e sempre que há novos alunos – é necessário esclarecer os objetivos da disciplina e a minha formação acadêmica.

Em 2018, um aluno queria que eu confirmasse para o seu colega que a primeira mulher criada por Deus não foi Eva, e sim *Lilith*, e que estava escrito na Bíblia. Mas, na verdade, a lenda da primeira esposa de Adão é parte de antigas tradições orais do povo hebreu:

> Lilith é derivado da palavra babilônica/assíria lilitu, um demônio feminino ou um espírito do vento, parte de uma tríade mencionada nas invocações mágicas babilônicas e aparece como Lilake em uma inscrição sumeriana do ano de 2000 a.C. que contém a lenda "Gilgamesh e o Salgueiro". É uma demônia vivendo em um tronco de salgueiro vigiado pela deusa Inanna (Anath) em uma margem do Eufrates. A etimologia do hebreu popular parece derivar Lilith de layl, noite, e ela frequentemente aparece como um monstro noturno peludo no folclore árabe (GRAVES & PATAI, apud LARAIA, 1997, p. 162).

O aluno não soube dizer ao certo de onde veio sua crença em Lilith na Bíblia, mas daí se deduz muita coisa interessante, as conexões entre a cultura bíblica, Gênesis, as culturas dos povos próximos aos hebreus e a circulação atual de crenças e rituais.

Além dessas pequenas efervescências pedagógicas, é comum os alunos levarem vivências pessoais. Em 2018, tive um aluno, alto e forte, que disse orar e chorar como criança quando ora e louva e me perguntou se eu não chorava também. Segundo seu discurso, orar e chorar o faziam se sentir amparado e acolhido. Um aluno jovem, preso aos 18 anos, há 6 anos cumpre pena e com mais 11 anos a cumprir, contava-me que sua relação com Deus era direta, sem mediações. Teria feito um "trato" com a divindade para sair da cadeia, onde perdia sua juventude. Porém, começou a falar em tom rancoroso, "sou homem e cumpro acordos, mas que até agora não tive uma resposta; estou a ponto de enlouquecer".

Há narrativas contadas pelos detentos que mostram como a diversidade de sentidos dos símbolos religiosos é enorme. Uma delas é sobre o símbolo do Yin-Yang, presente nas religiões orientais e na nebulosa *new age*. Tive dois alunos que tinham tatuado esse símbolo e ao perguntar se sabiam o significado, eles responderam não saber exatamente o significado, apesar de terem feito na prisão. Um arriscou dizer que era o bem e o mal, outro falou que estava "doido" quando o tatuou. Perguntei se eles conheciam e as respostas foram sobre o mal ou ligação com uma facção criminosa, e, com eles, procurei os sentidos mais reais. Aproveitei essa oportunidade para conversar sobre símbolos religiosos e seus significados.

Por outro lado, quando levo textos sobre respeito e diversidade religiosa, o discurso geral é o de que devemos respeitar a opção fé/crença do outro, que [eles, alunos] não possuem preconceitos e que nunca discriminaram ou foram discriminados por suas convicções religiosas. Mas a realidade é mais complexa, pois falar de religiões é sempre um desafio. Existem temores religiosos: assuntos como a morte não são bem-vindos, os alunos preferem não falar porque alguns acreditam que isso a atrai. Quando questiono se é medo, alguns dizem que sim, porque vivem uma vida perigosa; outros dizem que não, mas preferem não tocar ou ouvir sobre a finitude da vida. Por isso, atribui-se a Deus o fato de estarem vivos, daí ouço expressões como: "se não fosse Deus, eu já tinha morrido".

Algumas turmas são mais abertas. A de 2019, por exemplo, trouxe uma grata surpresa: um aluno identificou-se como umbandista e pediu-me uma oração de Ogum, senhor do ferro e da guerra, orixá muito importante nos cultos afro-brasileiros e, para alguns, sincretizado com São Jorge. A vivência religiosa desse aluno é interessante, pois afirmou não ter problemas com igrejas evangélicas (entrou e participou em muitos cultos de diversas denominações), mas rejeita a Igreja Universal do Reino de Deus. Tentou explicar-me o porquê: um dia, teria passado diante da porta de um templo, o pastor o chamou, mas teria sentido uma força impedindo de entrar, e, com isso, despediu-se e deu meia-volta. Ainda na turma de 2019, foram levados alguns dispositivos constitucionais, a Declaração de Direitos

Humanos, a LDB (Leis de Diretrizes e Bases da Educação), a intolerância religiosa como crime. Depois, reportagens de grandes jornais sobre a invasão e depredação de centenas de terreiros na Baixada Fluminense por traficantes e nas notícias, A reação foi variada, de espanto e concordância com a legislação contra racismo e intolerância.

Alguns alunos têm o hábito de levar a Bíblia para a aula, não apenas nas aulas de Ensino Religioso. Em 2018, ao trabalhar com a mitologia, um aluno me falou que se ele levasse algum material com imagens de deuses, os companheiros de cela poderiam pensar que aquilo era coisa ruim. Há um forte pensamento mágico, quase que infantil, um verdadeiro bloqueio e obstáculo que deve ser enfrentado pelo professor com paciência. São esses os momentos em que procuro ampliar o processo de compreensão, enxergando, nas reações, pontes para aprofundar o diálogo. O fato é recorrente: no início do ano presente havia um rapaz que aparentava ter no máximo 23 anos, não estava matriculado, mas frequentou as aulas por cerca de um mês. Certa vez levei um texto sobre religiões primais que traziam imagens de *totens* e máscaras tribais. O aluno não quis receber o texto e disse que não poderia pegar o papel, pois era evangélico e só aceitaria se fosse algo da Bíblia, que usava como um objeto "mágico" (apertava entre as mãos), a única coisa em que acreditava.

A reação do aluno aponta para um sério problema entre pessoas de credo cristão-evangélico fundamentalista na relação com a cultura e com a convivência pública com a pluralidade de religiões e valores: o medo do contágio ou contaminação como algo ruim, maléfico, mal. Provavelmente, essa profunda insegurança tem raízes em sua personalidade e no processo de formação vivida em família e círculos íntimos. Sabe-se que crianças educadas em uma leitura fundamentalista (literal), de textos sagrados e com pouco contato com leituras plurais e amplas, podem se tornar intolerantes quando jovens e adultos, aferrados a um raciocínio infantil. Superar essa reação exige uma perspectiva baseada em Paulo Freire, pois o ponto de partida da pedagogia do oprimido é a realidade viva e vivida do aluno e seu campo gerador do desejo de aprender.

Trabalhar como docente no sistema prisional é uma experiência que proporcionou conhecer a realidade carcerária, extremamente difícil: procedimentos de segurança diários, falta estrutura e recursos da escola, carteiras quebradas, quadros velhos, materiais com validade vencida, salas de aula escuras, sem lâmpadas e tomadas. Apesar das dificuldades, trazer oportunidade de reflexão sobre as religiões, a religião, tem ajudado a superar preconceitos e intolerâncias. Por isso, o estudo e a reflexão das Ciências da Religião foram de grande auxílio, sem os quais não conseguiria pensar em soluções e propostas concretas de trabalho pedagógico.

Referências

AMPARO, T. "Massacre em Manaus e as falácias do empirismo pró-encarceramento Brasil prende mal e muito, investiga pouco e mata em demasia; debate empírico sobre prisão e redução de crime deveria refletir essa realidade". In: *Folha de S. Paulo* – Colunas e Blogs, 31/05/2019. São Paulo [Disponível em https://www1.folha.uol.com.br/colunas/thiago-amparo/2019/05/massacre-em-manaus-e as-falacias-do-empirismo-pro-encarceramento.shtml – Acesso em 02/09/2019].

ASAD, T. "A construção da religião como uma categoria antropoló gica". In: *Cadernos de campo*, n. 19, p. 1-384, 2010. São Paulo [Disponível em https://www.ufrgs.br/ppgas/portal/arquivos/orientacoes/ASAD_Talel._2010.pdf – Acesso em 09/09/2019].

CAMURÇA, M.A. "Por uma perspectiva simétrica entre o saber religioso e o das Ciências da Religião". In: SILVEIRA, E.S. (org.).

Como estudar as religiões: metodologias e estratégias. Petrópolis: Vozes, 2018, p. 7-40.

______. "Ciência da Religião, Ciências da religião ou Ciências das Religiões?" In: *Ciências Sociais e Ciências da Religião*: polêmicas e interlocuções. São Paulo: Paulinas, 2008, p. 17-37.

DIERKEN, J. "Teologia, Ciência da Religião e Filosofia da Religião: definindo suas relações". In: *Numen – Revista de estudos e pesquisa da religião*, vol. 12, n. 1 e 2, p. 9-44. Juiz de Fora [Disponível em http://ojs2.ufjf.emnuvens.com.br/numen/article/view/21781/11846 – Acesso em 12/08/2019].

FIROLAMO, G. & PRANDI, C. (orgs.). *As Ciências das Religiões*. 8. ed. São Paulo: Paulinas, 2016.

KANT, I. *Crítica da razão pura*. Lisboa: Fundação Calouste Gulbenkian, 2001.

LARAIA, R.B. "Jardim do Éden revisitado". In: *Revista de Antropologia*, vol. 40, n. 1, 1997, p. 149-164. São Paulo [Disponível em http://www.scielo.br/scielo.php?script=sci_arttext&pid=S0034-77011997000100005&lng=ver&nrm=ver – Acesso em 09/09/2019].

RIES, J. *A Ciência das Religiões*: história, historiografia, problemas e método. Petrópolis: Vozes, 2019.

SENRA, F. "A pós-graduação em Ciências da Religião e Teologia no Quadriênio 2013-2016". In: *Interações*, vol. 13, n. 24, ago.-dez./2018, p. 526-533. Belo Horizonte.

______. "O teólogo e o cientista da religião – Religiografia acerca das interfaces entre Ciências da Religião ou Religiologia e Teologia no Brasil". In: *Rever*, ano 16, n. 1, jan.-abr./2016, p. 109-136. PUC-São Paulo.

SILVEIRA, E.S. (org.). *Como estudar as religiões*: metodologias e estratégias. Petrópolis: Vozes, 2018.

SILVEIRA, E.S. & SAMPAIO, D.S. *Narrativas míticas* – Análise das histórias que as religiões contam. Petrópolis: Vozes, 2018.

STEIL, C.A. & TONIOL, R. "A crise do conceito de religião e sua incidência sobre a antropologia". In: GIUMBELLI, E. & BÉLIVEAU, V.G. (orgs.). *Religión, cultura y política em las sociedades del siglo XXI*. Buenos Aires: Biblos, 2013, p. 137-158.

USARSKI, F. "História da Ciência da Religião". In: PASSOS, J.D. & USARSKI, F. (orgs.). *Compêndio de Ciência da Religião*. São Paulo: Paulinas/Paulus, 2013, p. 51-73.

VELHO, O. "Mudanças epistemológicas e os estudos de religião". In: VELHO, O. *Mais realistas que o rei* – Ocidentalismo, religião e modernidades alternativas. Rio de Janeiro: TopBooks, 2007, p. 327-338.

Sugestões de textos/material acessíveis online

1) ASAD, T. "A construção da religião como uma categoria antropológica". In: *Cadernos de Campo*, n. 19, 2010, p. 1-384. São Paulo [Disponível em https://www.ufrgs.br/ppgas/portal/arquivos/orientacoes/ASAD_Talel._2010.pdf – Acesso em 09/09/2019].

2) DIERKEN, J. "Teologia, Ciência da Religião e Filosofia da Religião: definindo suas relações". In: *Numen – Revista de estudos e pesquisa da religião*, vol. 12, n. 1 e 2, p. 09-44. Juiz de Fora [Disponível em http://ojs2.ufjf.emnuvens.com.br/numen/article/view/21781/11846 – Acesso em 12/08/2019].

3) ROBBINS, J. "Sobre alteridade e o sagrado em uma época de globalização: o 'trans' em 'transnacional' é o mesmo 'trans' de 'transcendente'?" In: *Mana* – Revista de antropologia, vol. 14, n. 1, abr./2018, p. 119-139. Rio de Janeiro [Disponível em <http://www.scielo.br/scielo.php?script=sci_arttext&pid=S0104-93132008000100005&lng=en&nrm=iso – Acesso em 09/09/2019].

4) SILVEIRA, E.S. "Uma metodologia para as Ciências da Religião? – Impasses metodológicos e novas possibilidades hermenêuticas". In: *Paralellus – Revista de Estudos de Religião*, vol. 7, 2016, n. 14. Recife [Disponível em http://www.unicap.br/ojs/index.php/paralellus/article/view/672/856 – Acesso em 09/09/2019].

5) SILVEIRA, E.S. "Religião e conceitos sociológicos – Notas críticas sobre a hermenêutica normativa da religião". In: *Esboços* – Histórias em contextos globais, vol. 24, n. 37, out./2017, p. 24-44. Florianópolis [Disponível em https://periodicos.ufsc.br/index.php/esbocos/article/view/2175-7976.2017v24n37p24/35070 – Acesso em 09/09/2019].

3

O Ensino Religioso segundo a BNCC

Sérgio Rogério Azevedo Junqueira
Livre-docente em Ciência da Religião (PUC-SP)
Doutor em Ciência da Educação (UPS-Roma)

Sonia de Itoz
Mestre em Educação (Ipfer)
Escritora e autora de artigos e de livros didáticos de
Ensino Religioso e Pastoral Escolar

Introdução

Em tempos mais que efervescentes para se tratar de educação escolar básica no Brasil, o Ensino Religioso ganha, pela primeira vez na história, o *status* de Área de Conhecimento. A Ciência da Religião passa a ser a ciência acadêmica para referenciar tanto a formação de professores para a área quanto para a orientação dos currículos escolares.

O ideal democrático da sociedade civil engendra, e impõe de certa forma, o reconhecimento de uma escola que inclui a todos e que, ao mesmo tempo, se preocupe com uma educação básica que trate da integralidade da formação de seus novos cidadãos.

A diversidade sociocultural do conhecimento religioso, dado no processo humano, passa a ser um dos componentes do currículo. A partir da Base Nacional Comum Curricular (BNCC) é norma que se trate academicamente, de forma didático-pedagógica, a compreensão das manifestações religiosas e de suas contribuições para as sociedades humanas.

O componente curricular Ensino Religioso é uma disciplina/matéria do currículo escolar e, como qualquer outra disciplina, trabalha com o desenvolvimento das *competências gerais* da BNCC e competências *específicas* da área, a serem desenvolvidas no decorrer da educação básica. Para isso, a Base Nacional Comum Curricular se organiza por *unidades temáticas*, propostas numa verticalidade, e estas em *objetos de conhecimento*, os antigos conteúdos, que já estão adequados ao desenvolvimento cognitivo do aluno. Para dar conta de desenvolver o conhecimento religioso, e para que este vá sendo construído, são propostas *habilidades* que os alunos devem exercitar e desenvolver no processo escolar.

1 O que é a Base Nacional Comum Curricular (BNCC)

A BNCC é um documento normativo e de referência para toda a educação básica no Brasil, significa que é uma base comum, o que não quer dizer que as escolas e seus educadores não possam extrapolar, ir além. O que não pode, ou não é mais permitido, é que nem mais um cidadão brasileiro não tenha esse mínimo, essa base, de conhecimento, tratado no seu currículo escolar (BNCC, p. 9).

É também um documento legal, elaborado por especialistas de alto nível, que passou por diversas audiências públicas em todas as regiões do país e que, por último, foi aprovado pelos representantes do povo. O resultado apresentado estabelece um "conjunto orgânico e progressivo de aprendizagens essenciais" e que precisam ser dadas a conhecer a todo e qualquer aluno da educação básica brasileira.

E, por último, é um documento que visa assegurar os direitos de aprendizagem e desenvolvimento de cada e de todos os cidadãos brasileiros. É uma base educativa, orientada pelos princípios éticos, políticos e estéticos das sociedades democráticas, para que aconteça a formação integral de seus cidadãos e, assim, a construção de uma sociedade justa, democrática e inclusiva.

2 Currículo e BNCC

Vejamos o que diz a BNCC

> Referência nacional para a formulação dos currículos dos sistemas e das redes escolares dos Estados, do Distrito Federal e dos Municípios e das propostas pedagógicas das instituições escolares, a BNCC integra a política nacional da educação básica e vai contribuir para o alinhamento de outras políticas e ações, em âmbito federal, estadual e municipal, referentes à formação de professores, à avaliação, à elaboração de conteúdos educacionais e aos critérios para a oferta de infraestrutura adequada para o pleno desenvolvimento da Educação (BNCC, 2017, p. 10).

É o currículo da Base Nacional Comum que irá influenciar a proposta de formação inicial e continuada dos educadores, a produção de materiais e a matriz de avaliações internas à escola e externa ao ambiente escolar (BNCC, p. 5). É o currículo proposto na Base Nacional Comum que irá estabelecer as diretrizes pedagógicas para a educação básica, e os devidos direitos e objetivos de aprendizagem e desenvolvimento dos alunos (BNCC, p. 13). O que significa dizer que as escolas precisam elaborar propostas didático-pedagógicas que considerem as necessidades, as possibilidades e os interesses, as identidades linguísticas, étnicas e culturais dos alunos (BNCC, 2017, p. 15).

Na Base Nacional Comum Curricular o currículo se identifica com princípios e valores a serem desenvolvidos na educação escolar. O que leva a reconhecer que a Educação tem um compromisso com a formação e o desenvolvimento humano integral e integrante, nas dimensões intelectual, física, afetiva, social, ética, moral e simbólica (BNCC, 2017, p. 16).

Na Base Nacional Comum o currículo tem o papel de garantir as aprendizagens essenciais definidas para cada etapa da educação básica, já que as mesmas só se materializam mediante um conjunto de decisões que caracterizam um currículo em ação. Portanto, são as decisões da escola e de seus educadores que vão adequar a Base Nacional Comum à realidade local, de acordo com o contexto e as características dos alunos (BNCC, 2017, p. 16).

Currículo é o resultado do processo de envolvimento e participação dos educadores para contextualizar os conteúdos dos componentes curriculares; decidir sobre a organização dos componentes curriculares; conceber situações e procedimentos para motivar e engajar os alunos nas aprendizagens; construir e aplicar procedimentos de avaliação formativa de processo ou de resultado; selecionar, produzir, aplicar e avaliar recursos didáticos e tecnológicos para apoiar o ensino e a aprendizagem; criar e disponibilizar materiais de orientação para os professores, e a formação permanente e em serviço; e propor os procedimentos para a gestão pedagógica (BNCC, 2017, p. 17). Isso significa dizer que o currículo precisa assegurar competências específicas com base nos princípios da coletividade, reciprocidade, integralidade, espiritualidade e alteridade. Significa, em uma perspectiva intercultural, considerar projetos educativos, cosmologias, lógicas, valores e princípios pedagógicos próprios (BNCC, 2017, p. 18).

O currículo na Base Nacional Comum é intercultural e precisa ser a expressão de toda a experiência que pode contribuir para o aprender, com acertos e erros, e desenvolver habilidades que propiciaram avanços em novos aprendizados (BNCC, p. 18).

Para a Base Nacional Comum o currículo incorpora a proposta pedagógica com abordagem de temas contemporâneos que afetam a vida humana em escala local, regional e global, de forma transversal e integradora. Razão pela qual a Base Nacional Comum dá destaque para o trabalho com os direitos da criança e do adolescente; a educação para o trânsito; educação ambiental; educação alimentar e nutricional; o processo de envelhecimento, respeito e valorização do idoso; a educação em direitos humanos; o conhecimento das relações étnico-raciais; e o ensino de história e cultura afro-brasileira, africana e indígena (BNCC, 2017, p. 19).

3 Competências gerais

Competência na Base Nacional Comum Curricular é entendida por mobilização de conhecimentos que o aluno vai desenvolver. O que quer dizer que competência envolve conceitos e procedimentos; habilidades, práticas, cognitivas e socioemocionais; e atitudes e valores para resolver demandas complexas da vida cotidiana, do pleno exercício da cidadania e do mundo do trabalho (BNCC, p. 10).

A educação básica compreende a Educação Infantil, que vai de 1 a 5 anos; o Ensino Fundamental, que vai de 6 a 14 anos; e o Ensino Médio, que vai de 15 a 17 anos. A Base Nacional Comum Curricular propõe que a educação básica dê conta de desenvolver no seu processo final dez competências, que devem ser trabalhadas e desenvolvidas verticalmente desde a Educação Infantil até o Ensino Médio.

É importante saber que as dez competências gerais da educação básica se inter-relacionam e se desdobram no tratamento didático-pedagógico desde a Educação Infantil, Ensino Fundamental até o Ensino Médio. Assim, as dez competências articulam-se para a construção de conhecimentos, o desenvolvimento de habilidades e a formação de atitudes e valores (BNCC, p. 11). Cada competência geral merece ser destrinchada e compreendida na sua intenção mais profunda, o que não é a proposta neste momento. No entanto, as citamos para percebê-las no conjunto deste trabalho.

1) *Valorizar e utilizar os conhecimentos historicamente construídos* sobre o mundo físico, social, cultural e digital para entender e explicar a realidade, continuar aprendendo e colaborar para a construção de uma sociedade justa, democrática e inclusiva.

2) *Exercitar a curiosidade intelectual e recorrer à abordagem própria das ciências*, incluindo a investigação, a reflexão, a análise crítica, a imaginação e a criatividade, para investigar causas, elaborar e testar hipóteses, formular e resolver problemas e criar soluções (inclusive tecnológicas) com base nos conhecimentos das diferentes áreas.

3) *Valorizar e fruir as diversas manifestações artísticas e culturais*, das locais às mundiais, e também participar de práticas diversificadas da produção artístico-cultural.

4) *Utilizar diferentes linguagens* – verbal (oral ou visual-motora, como Libras, e escrita), corporal, visual, sonora e digital –, bem como conhecimentos das linguagens artística, matemática e científica, para se expressar e partilhar informações, experiências, ideias e sentimentos em diferentes contextos e produzir sentidos que levem ao entendimento mútuo.

5) *Compreender, utilizar e criar tecnologias* digitais de informação e comunicação de forma crítica, significativa, reflexiva e ética nas diversas práticas sociais (incluindo as escolares) para se comunicar, acessar e disseminar informações,

produzir conhecimentos, resolver problemas e exercer protagonismo e autoria na vida pessoal e coletiva.

6) *Valorizar a diversidade de saberes e vivências culturais* e apropriar-se de conhecimentos e experiências que lhe possibilitem entender as relações próprias do mundo do trabalho e fazer escolhas alinhadas ao exercício da cidadania e ao seu projeto de vida, com liberdade, autonomia, consciência crítica e responsabilidade.

7) *Argumentar com base em fatos, dados e informações confiáveis*, para formular, negociar e defender ideias, pontos de vista e decisões comuns que respeitem e promovam os direitos humanos, a consciência socioambiental e o consumo responsável em âmbito local, regional e global, com posicionamento ético em relação ao cuidado de si mesmo, dos outros e do planeta.

8) *Conhecer-se, apreciar-se e cuidar de sua saúde física e emocional*, compreendendo-se na diversidade humana e reconhecendo suas emoções e as dos outros, com autocrítica e capacidade para lidar com elas.

9) *Exercitar a empatia, o diálogo, a resolução de conflitos e a cooperação*, fazendo-se respeitar e promovendo o respeito ao outro e aos direitos humanos, com acolhimento e valorização da diversidade de indivíduos e de grupos sociais, seus saberes, identidades, culturas e potencialidades, sem preconceitos de qualquer natureza.

10) *Agir pessoal e coletivamente com autonomia, responsabilidade, flexibilidade, resiliência e determinação*, tomando decisões com base em princípios éticos, democráticos, inclusivos, sustentáveis e solidários (BNCC, 2017, p. 11-12).

O que fica evidente, portanto, é que as competências e diretrizes da educação básica brasileira são comuns, já estão dadas pela BNCC. Já os currículos são diversos. Todos atendem à base do ensino e aprendizado colocado pela BNCC e diferenciam-se em cada unidade escolar ou sistema de ensino, quando atendem às realidades e demandas locais e regionais.

No entanto, é importante considerar que no currículo todas as orientações e decisões devem estar orientadas para o desenvolvimento de *competências* gerais e especificas das Áreas de conhecimento, visando o fortalecimento de ações que assegurem as aprendizagens essenciais para a vida de todo e qualquer cidadão brasileiro (BNCC, 2017, p. 15).

4 Estrutura, objeto e método

A Base Nacional Comum Curricular foi estruturada de modo a explicitar competências a serem desenvolvidas ao longo de toda a educação básica. Porém, em cada etapa escolar há competências que se coadunam ao desenvolvimento cognitivo como expressão dos direitos de aprendizagem e desenvolvimento do cidadão estudante.

Para isso, a Educação Infantil trabalha com Direitos de Aprendizagem e Desenvolvimento, considerando intencionalmente os direitos de: "Conviver; Brincar; Participar; Explorar; Expressar; e Conhecer-se (BNCC, 2017, p. 38)". Metodologicamente a BNCC sugere que os seis direitos, acima citados, devem ser desenvolvidos em cinco Campos de Experiências. São eles: "O eu, o outro e o nós; Corpo, gestos e movimentos; Traços, sons, cores e formas; Escuta, fala, pensamento e imaginação; Espaços, tempos, quantidades, relações e transformações" (BNCC, 2017, p. 40-41). Cada campo de experiência tem uma Intencionalidade educativa, razão pela qual trabalha-se por "Objetivos de Aprendizagem e Desenvolvimento em três diferentes grupos de faixa etária. 1) Bebês (0 a 1 ano e 6 meses);

2) Crianças bem pequenas (1 ano e 7 meses a 3 anos e 11 meses); e 3) Crianças pequenas (4 anos a 5 anos e 11 meses)" (BNCC, 2017, p. 28).

Na BNCC os "direitos de aprendizagem e desenvolvimento asseguram, na Educação Infantil, as condições para que as crianças aprendam em situações nas quais possam desempenhar um papel ativo em ambientes que as convidem a vivenciar desafios e a sentirem-se provocadas a resolvê-los, nas quais possam construir significados sobre si, os outros e o mundo social e natural" (BNCC, p. 39).

Os "campos de experiência constituem um arranjo curricular que acolhe as situações e as experiências concretas da vida cotidiana das crianças e seus saberes, entrelaçando-os aos conhecimentos que fazem parte do patrimônio cultural" (BNCC, 2017, p. 42).

Os "objetivos de aprendizagem e desenvolvimento são aprendizagens essenciais que compreendem tanto comportamentos, habilidades e conhecimentos quanto vivências que promovem aprendizagem e desenvolvimento nos diversos campos de experiências, sempre tomando as interações e a brincadeira como eixos estruturantes. [...] Correspondem, aproximadamente, às possibilidades de aprendizagem e às características do desenvolvimento das crianças. O que não pode ser considerado de forma rígida, já que há diferenças de ritmo na aprendizagem e no desenvolvimento das crianças que precisam ser consideradas na prática pedagógica" (BNCC, 2017, p. 46).

No Ensino Fundamental do 1º ao 9º ano, dos 6 aos 14 anos, a BNCC se organiza por Áreas do conhecimento; Competências específicas de área; Componentes curriculares; Competências específicas de componente. Didaticamente é traçado para cada componente curricular: Unidades temáticas; Objetos de conhecimento; e Habilidades.

Quadro 1 Áreas, competências, componentes

Áreas do conhecimento	Favorecem a comunicação entre os conhecimentos e saberes dos diferentes componentes curriculares. Nos textos de apresentação, cada área do conhecimento explicita seu papel na formação integral e considera tanto o desenvolvimento cognitivo, as características do aluno quanto as especificidades e demandas pedagógicas dessa fase (BNCC, p. 29). E explicita a concepção e o papel da área na formação integral e dos objetos de conhecimento (BNCC, 2017, p. 35).
Competências específicas de área	Cada área do conhecimento estabelece suas competências específicas. O desenvolvimento das mesmas deve ser dado, promovido e garantido ao longo dos nove anos. Essas são competências que explicitam as dez competências gerais em cada área do conhecimento (BNCC, 2017, p. 30).
Competências específicas de componente	Possibilitam a articulação horizontal e vertical entre as áreas, perpassando pelos componentes curriculares (BNCC, p. 30). Trata também dos itinerários formativos e explicita como as competências gerais da educação básica se expressam nas áreas (BNCC, p. 35).
Componentes curriculares	Intersectam-se na formação dos alunos, embora se preservem as especificidades e os saberes próprios construídos e sistematizados em cada componente curricular (BNCC, 2017, p. 29).
Habilidades	Expressam as aprendizagens essenciais que devem ser asseguradas aos alunos. Cada componente curricular apresenta um conjunto de habilidades que estão relacionadas a diferentes objetos de conhecimento (BNCC, 2017, p. 30-31). Cada competência específica de área é relacionada a um conjunto de habilidades que representa as aprendizagens essenciais a serem garantidas (BNCC, p. 35).

Objetos de conhecimento	São os conhecimentos, conteúdos, conceitos e processos organizados em unidades temáticas (BNCC, 2017, p. 30).
Unidades temáticas	Define um agrupamento dos objetos de conhecimento, adequado às especificidades dos diferentes componentes curriculares e se relaciona a um número de habilidades (BNCC, 2017, p. 31).

Fonte: BNCC, 2017.

5 O Ensino Religioso: suas competências e habilidades

O Ensino Religioso na BNCC foi reconhecido como uma das cinco áreas de conhecimento do Ensino Fundamental, sendo o único componente curricular do 1º ao 9º ano para esta área, cuja natureza e finalidade pedagógica o tornam distinto de qualquer confessionalidade. Como foi previsto nas Diretrizes o Ensino Fundamental. Porém, no Parecer CNE/CEB 8/2019 o relator Ivan Cláudio Pereira Siqueira propõe alterar o art. 15 da Resolução CNE/CEB n. 7 de 14 de dezembro de 2010, que fixou as Diretrizes Curriculares Nacionais para o Ensino Fundamental de nove anos". Em seu voto como relator sugeriu que o Ensino Religioso deixe de ser área de conhecimento do Ensino Fundamental, conforme estabelecido no art. 15 da Resolução CNE/CEB n. 7/2010, e passe a ser um componente curricular da área de Ciências Humanas. No Ensino Fundamental esta perspectiva foi aprovada por unanimidade da Câmara de Educação Básica (CNE, 2019).

Este parecer não altera o fato de o "conhecimento religioso" ter como objeto de estudo a área de Ensino Religioso. Este é um objeto produzido no âmbito das áreas do conhecimento científico das Ciências Humanas e Sociais, e da Ciência das Religiões, já que estas são as Ciências que investigam e sistematizam a manifestação dos fenômenos religiosos em diferentes culturas e sociedades. Este evidencia sentidos e significados de vida e ideias de divindades e nestes como se organizam cosmovisões, linguagens, saberes, crenças, mitologias, narrativas, textos, símbolos, ritos, rituais, doutrinas, tradições, movimentos, práticas, princípios éticos e morais. O que significa que para conhecer e entender o conhecimento religioso é preciso adentar-se ao substrato cultural da humanidade. Assim, cabe ao componente curricular Ensino Religioso tratar dos conhecimentos religiosos, a partir de pressupostos éticos, acadêmicos e científicos, sem proselitismo algum. O que implica abordar conhecimentos constituídos nas culturas e tradições religiosas.

Para isso, na educação básica o Ensino Religioso trabalha com pesquisa, observação, identificação, análise, apropriação e ressignificação de saberes, visando o desenvolvimento de habilidades e competências que levem a leitura de mundo e de profundo respeito às culturas. Para isso, problematiza representações sociais preconceituosas, proselitismos, fundamentalismos, entre outros, buscando combater a intolerância, a discriminação e a exclusão. Para dar conta do ensino e aprendizagem escolar o Ensino Religioso, conforme a BNCC 2017 (p. 438), deve atender os objetivos de: a) Proporcionar a aprendizagem dos conhecimentos religiosos, culturais e estéticos, a partir das manifestações religiosas percebidas na realidade dos educandos; b) Propiciar conhecimentos sobre o direito à liberdade de consciência e de crença, no constante propósito de promoção dos direitos humanos; c) Desenvolver competências e habilidades que contribuam para o diálogo entre perspectivas religiosas e seculares de vida, exercitando o respeito à liberdade de concepções e o pluralismo de ideias, de acordo com a Constituição Federal; d) Contribuir para que os educandos construam seus sentidos pessoais de vida a partir de valores, princípios éticos e da cidadania.

Para isso, os fundamentos pedagógicos do Ensino Religioso estão na interculturalidade e na ética da alteridade, já que estes favorecem o reconhecimento e o respeito às histórias, memórias, crenças, convicções e valores das culturas, tradições religiosas e filosofias de vida.

A partir de tais pressupostos a área de Ensino Religioso e, por consequência o componente curricular Ensino Religioso, garante o desenvolvimento de competências específicas ao aluno. Conforme a BNCC (p. 439), estas são:

> 1) Conhecer os aspectos estruturantes das diferentes tradições/movimentos religiosos e filosofias de vida, a partir de pressupostos científicos, filosóficos, estéticos e éticos.
> 2) Compreender, valorizar e respeitar as manifestações religiosas e filosofias de vida, suas experiências e saberes, em diferentes tempos, espaços e territórios.
> 3) Reconhecer e cuidar de si, do outro, da coletividade e da natureza, enquanto expressão de valor da vida.
> 4) Conviver com a diversidade de crenças, pensamentos, convicções, modos de ser e viver.
> 5) Analisar as relações entre as tradições religiosas e os campos da cultura, da política, da economia, da saúde, da ciência, da tecnologia e do meio ambiente.
> 6) Debater, problematizar e posicionar-se frente aos discursos e práticas de intolerância, discriminação e violência de cunho religioso, de modo a assegurar os direitos humanos no constante exercício da cidadania e da cultura de paz.

Competências se adquirem num processo de conhecer, aprender e praticar. Nesse cenário é necessário trabalhar e desenvolver habilidades. Habilidades são como degraus que precisam ser galgados para se adquirir competências. Porém, habilidades por si não desenvolvem conhecimentos. Para isso é preciso uma estrutura – unidades temáticas e objetos de conhecimento – como nas demais áreas. Assim, para o Ensino Religioso as unidades temáticas propostas são: a) identidades e alteridades; b) manifestações religiosas; c) crenças religiosas e filosofias de vida. Os objetos de conhecimento e as habilidades (BNCC, p. 444-461) para trabalhar as unidades temáticas e desenvolver as competências da área e competências gerais da BNCC, adequados à faixa etária, estão descritos nos quadros a seguir:

Quadro 2 Ano, objetos de conhecimento e habilidades

Ano escolar	Objetos de conhecimento	Habilidades
1º ano (5/6 anos)	• O eu, o outro e o nós. • Imanência e transcendência. • Sentimentos, lembranças, memórias e saberes.	1) Identificar e acolher as semelhanças e diferenças entre o eu, o outro e o nós. 2) Reconhecer que o seu nome e o das demais pessoas os identificam e os diferenciam. 3) Reconhecer e respeitar as características físicas e subjetivas de cada um. 4) Valorizar a diversidade de formas de vida. 5) Identificar e acolher sentimentos, lembranças, memórias e saberes de cada um. 6) Identificar as diferentes formas pelas quais as pessoas manifestam sentimentos, ideias, memórias, gostos e crenças em diferentes espaços.
2º ano (6/7 anos)	• O eu, a família e o ambiente de convivência. • Memórias e símbolos. • Símbolos religiosos. • Alimentos sagrados.	1) Reconhecer os diferentes espaços de convivência. 2) Identificar costumes, crenças e formas diversas de viver em variados ambientes de convivência. 3) Identificar as diferentes formas de registro das memórias pessoais, familiares e escolares (fotos, músicas, narrativas, álbuns. 4) Identificar os símbolos presentes nos variados espaços de convivência. 5) Identificar, distinguir e respeitar símbolos religiosos de distintas manifestações, tradições e instituições religiosas. 6) Exemplificar alimentos considerados sagrados por diferentes culturas, tradições e expressões religiosas. 7) Identificar significados atribuídos a alimentos em diferentes manifestações e tradições religiosas.

Ano escolar	Objetos de conhecimento	Habilidades
3º ano (7/8 anos)	• Espaços e territórios religiosos. • Práticas celebrativas. • Indumentárias religiosas.	1) Identificar e respeitar os diferentes espaços e territórios religiosos de diferentes tradições e movimentos religiosos. 2) Caracterizar os espaços e territórios religiosos como locais de realização das práticas celebrativas. 3) Identificar/respeitar práticas celebrativas (cerimônias, orações, festividades, peregrinações etc.) de diferentes tradições religiosas. 4) Caracterizar as práticas celebrativas como parte integrante do conjunto das manifestações religiosas de diferentes culturas e sociedades. 5) Reconhecer indumentárias (roupas, acessórios, símbolos, pinturas corporais) utilizadas em diferentes manifestações e tradições religiosas. 6) Caracterizar a indumentária como elemento integrante das identidades religiosas.
4º ano (8/9 anos)	• Ritos religiosos. • Representações religiosas na arte. • Ideia(s) de divindade(s).	1) Identificar ritos presentes no cotidiano pessoal, familiar, escolar e comunitário. 2) Identificar ritos e suas funções em diferentes manifestações e tradições religiosas. 3) Caracterizar ritos de iniciação e de passagem em diversos grupos religiosos (nascimento, casamento e morte). 4) Identificar as diversas formas de expressão da espiritualidade (orações, cultos, gestos, cantos, dança, meditação) nas diferentes tradições religiosas. 5) Identificar representações religiosas em diferentes expressões artísticas (pinturas, arquitetura, esculturas, ícones, símbolos, imagens), reconhecendo-as como parte da identidade de diferentes culturas/tradições religiosas. 6) Identificar nomes, significados e representações de divindades nos contextos familiar e comunitário. 7) Reconhecer e respeitar as ideias de divindades de diferentes manifestações e tradições religiosas.

Fonte: BNCC, 2017.

Quadro 3 Ano, objetos de conhecimento e habilidades

Ano escolar	Objetos de conhecimento	Habilidades
5º ano (9/10 anos)	• Narrativas religiosas. • Mitos nas tradições religiosas. • Ancestralidade e tradição oral.	1) Identificar e respeitar acontecimentos sagrados de diferentes culturas e tradições religiosas como recurso para preservar a memória. 2) Identificar mitos de criação em diferentes culturas e tradições religiosas. 3) Reconhecer funções e mensagens religiosas contidas nos mitos de criação (concepções de mundo, natureza, ser humano, divindades, vida e morte). 4) Reconhecer a importância da tradição oral para preservar memórias e acontecimentos religiosos. 5) Identificar elementos da tradição oral nas culturas e religiosidades indígenas, afro-brasileiras, ciganas, entre outras. 6) Identificar o papel dos sábios e anciãos na comunicação/preservação da tradição oral. 7) Reconhecer, em textos orais, ensinamentos relacionados a modos de ser/viver.
6º ano (10/11 anos)	• Tradição escrita: registro dos ensinamentos sagrados. • Ensinamentos da tradição escrita. • Símbolos, ritos e mitos religiosos.	1) Reconhecer o papel da tradição escrita na preservação de memórias, acontecimentos e ensinamentos religiosos. 2) Reconhecer e valorizar a diversidade de textos religiosos escritos (textos do Budismo, Cristianismo, Espiritismo, Hinduísmo, Islamismo, Judaísmo, entre outros). 3) Reconhecer, em textos escritos, ensinamentos relacionados a modos de ser e viver. 4) Reconhecer que os textos escritos são utilizados pelas tradições religiosas de maneiras diversas. 5) Discutir como o estudo e a interpretação dos textos religiosos influenciam os adeptos a vivenciarem os ensinamentos das tradições religiosas. 6) Reconhecer a importância dos mitos, ritos, símbolos e textos na estruturação das diferentes crenças, tradições e movimentos religiosos. 7) Exemplificar a relação entre mito/rito/símbolo nas práticas celebrativas de diferentes tradições religiosas.

Ano escolar	Objetos de conhecimento	Habilidades
7º ano (11/12 anos)	• Místicas e espiritualidades. • Lideranças religiosas. • Princípios éticos e valores religiosos. • Liderança e direitos humanos.	1) Reconhecer e respeitar as práticas de comunicação com as divindades em distintas manifestações e tradições religiosas. 2) Identificar práticas de espiritualidade utilizadas pelas pessoas em determinadas situações (acidentes, doenças, fenômenos climáticos). 3) Reconhecer os papéis atribuídos às lideranças de diferentes tradições religiosas. 4) Exemplificar líderes religiosos destacados por suas contribuições à sociedade. 5) Discutir estratégias que promovam a convivência ética/respeitosa entre as religiões. 6) Identificar princípios éticos em diferentes tradições religiosas e filosofias de vida, discutindo como podem influenciar condutas pessoais e práticas sociais. 7) Identificar/discutir o papel das lideranças religiosas e seculares na defesa e promoção dos direitos humanos. 8) Reconhecer o direito à liberdade de consciência, crença ou convicção, questionando concepções e práticas sociais que a violam.
8º ano (12/13 anos)	• Crenças, convicções e atitudes. • Doutrinas religiosas. • Crenças, filosofias de vida e esfera pública. • Tradições religiosas, mídias e tecnologias.	1) Discutir como as crenças e convicções podem influenciar escolhas e atitudes pessoais e coletivas. 2) Analisar filosofias de vida, manifestações e tradições religiosas destacando seus princípios éticos. 3) Analisar doutrinas das diferentes tradições religiosas e suas concepções de mundo/vida/morte. 4) Discutir como filosofias de vida, tradições e instituições religiosas podem influenciar campos da esfera pública (política, saúde, educação, economia). 5) Analisar práticas, projetos e políticas públicas que contribuem para a promoção da liberdade de pensamento, crenças e convicções.

Ano escolar	Objetos de conhecimento	Habilidades
9º ano (13/14 anos)	• Imanência e transcendência; Vida e morte. • Princípios e valores éticos.	1) Habilidades: Discutir as diferentes expressões de valorização e de desrespeito à vida, por meio da análise de matérias nas diferentes mídias. 2) Identificar sentidos do viver/do morrer em diferentes tradições religiosas por meio do estudo de mitos fundantes. 3) Identificar concepções de vida/morte em diferentes tradições religiosas e filosofias de vida, por meio da análise de diferentes ritos fúnebres. 4) Reconhecer a coexistência como uma atitude ética de respeito à vida e à dignidade humana. 5) Identificar princípios éticos (familiares, religiosos e culturais) que possam alicerçar a construção de projetos de vida. 6) Construir projetos de vida assentados em princípios e valores éticos.

Fonte: BNCC, 2017.

6 Concluindo: o compromisso com a base da educação do cidadão

A realidade de mundo impõe um olhar diferenciado ao processo educativo dos novos cidadãos a se constituírem na realidade atual. É preciso que educar situe cada cidadão num contexto de cenário mundial. O espaço físico e virtual da Educação é um lugar ético, criativo, analítico-crítico, participativo, aberto ao novo, colaborativo e responsável com o mundo da informação. São necessárias competências e muitas habilidades para aprender a aprender, saber lidar com as não fronteiras e assim atuar com discernimento e responsabilidade no contexto digital.

Mas isso somente não basta, é pouco. É preciso saber aplicar os conhecimentos, encontrar soluções, resolver problemas, ter autonomia para tomar decisões, ser proativo, conviver, aprender e respeitar as diferenças e diversidades. Educar implica compreender a complexidade e romper visões reducionistas e construir acolhimento e reconhecimento das singularidades e das diversidades. A escola de educação básica é território de processos educativos, de aprendizagens sintonizadas com o mundo, o que supõe considerar as diferentes realidades, as diversas culturas que levem a reinventar novas formas do existir humano e planetário.

Referências

CONSELHO NACIONAL DE EDUCAÇÃO. *Súmula de pareceres* – Reuniões ordinárias dos dias 7 a 10 de outubro de 2019 [Complementa a Publicada no DOU de 22/11/2019]. Brasília: CNE, 2019.

MEC. *BNCC* – Base Nacional Comum Curricular, 2017 [Disponível em http://basenacionalcomum.mec.gov.br/images/BNCC_EI_EF_110518_versaofinal_site.pdf].

Sugestões de textos/material acessíveis online

1) FREITAS, E.M.L.M. "Base Nacional Comum Curricular do Ensino Religioso: primeiro passo para os percursos da aprendizagem dessa área do conhecimento". In: *Último Andar*, n. 28, 2016, p. 43-58 [Disponível em https://revistas.pucsp.br/ultimoandar/article/view/29726/20680].

2) SILVA, J.C. "O currículo e o Ensino Religioso na BNCC: reflexões e perspectivas". In: *Revista Pedagógica*, vol. 20, n. 44, 2019, p. 56-65 [Disponível em https://bell.unochapeco.edu.br/revistas/index.php/pedagogica/article/viewFile/4441/2514].

3) JUNQUEIRA, S. & ITOZ, S. "Escola católica: Ensino Religioso e a BNCC". In: *AEC Educação*, n. 2019, p. 12-27 [Disponível em http://revistas.anec.org.br/index.php/revistaeducacao/article/view/178].

4

Diretrizes do Ensino Religioso na Base Nacional Comum Curricular: aportes teóricos e ideias para a prática docente no Ensino Fundamental

Elisa Rodrigues
Doutora em Ciência da Religião (Umesp)
Doutora em Ciências Sociais (Unicamp)
Professora – Departamento/Programa de Pós-Graduação em Ciência da Religião (UFJF)

1 O Ensino Religioso: do cristão ao plural

É nosso propósito estudar a inter-relação religião/sociedade e suas formas de interação. Em princípio, um debate puramente teórico é adequado, contudo o estudo concreto das manifestações empíricas torna-se indispensável para compreensão completa do assunto.

Citação de Joachim Wach (1898-1955), cientista e historiador da religião, em sua obra *Sociologia da Religião*, de 1947.

A reflexão sobre o Ensino Religioso escolar (ERE) como componente curricular, o qual deve integrar os projetos políticos pedagógicos das unidades escolares públicas e privadas no Brasil, não é novidade. O trabalho de pensar a construção de uma identidade para esse componente é anterior à Lei de Diretrizes e Bases de 1996 e, desde quando iniciada, conduziu o ERE por diferentes caminhos e propostas. De forma breve, podemos afirmar que o ERE no Brasil, de início, teve caracterização e finalidade religiosa, mas paulatinamente foi emancipando-se da dependência, especialmente, católica. E isso, de algum modo, pode ser compreendido à luz do processo de autonomização do próprio Estado brasileiro, que na medida em que se separou da Igreja Católica Apostólica Romana assumiu para si a tarefa de zelar pela Educação no país e, em especial, pela Educação pública, antes realizada por meio da atuação de padres, missionários e congêneres.

Dito de outra maneira, foi com a Proclamação da República (1889) que a Educação de fato passou a ser preocupação do Estado[1]. E, desde que emancipado da Igreja, o estado brasileiro assumiu a tarefa de oferecer Educação para seus cidadãos e cidadãs, conforme uma perspectiva não catequizadora. No entanto, tal operação de transformação no registro – de religioso para não religioso – não ocorreria tão rápida e prontamente. Até a instauração da República e separação entre Estado e Igreja já havia sido criada certa mentalidade de que a Educação era domínio religioso. Tendo sido a Educação no Brasil, desde o período em que foi colonizado pelos portugueses católicos: 1) instrumento para a formação do povo, 2) meio de ensino quanto ao que a Igreja considerava moralmente correto e 3) forma estratégica para a disseminação do que podemos chamar ética católica[2].

---

1. Entre os anos de 1750 e 1777 o Marquês de Pombal (1699-1782) implementou transformações significativas na administração do país, como a extinção do sistema de capitanias hereditárias, o estabelecimento de uma forma de Estado, o decreto de expulsão dos jesuítas, a promoção da ideia de liberdade de consciência e o incentivo ao espírito científico, com vistas ao desenvolvimento econômico.

2. Vale a pena chamar a atenção do leitor e da leitora para isso que chamamos "ética católica". A exemplo do que propôs Max Weber (1864-1920) em seu livro *A ética protestante e o "espírito" do capitalismo* (de 1905 e publicado nova-

Assim, por ser tão central para as lideranças católicas, a Educação não deixou de figurar entre suas maiores preocupações e investimentos. De modo que por meio do ERE permaneceu nos quadros das escolas públicas, agora laicas, como meio de manutenção de uma moralidade e de uma ética cristã (o que em certa medida atendia aos políticos da época, em função de ser uma técnica de poder para manutenção da ordem). Nesse sentido, mesmo que sob a responsabilidade do Estado laico, o ERE manteria seu caráter proselitista sob justificativa de que essa seria a religião do povo brasileiro.

Ocorre que esse quadro começou a se transformar com o gradual, mas progressivo declínio da população católica brasileira, no século XX. O processo de laicização do Estado já havia colaborado para o enfraquecimento institucional da Igreja Católica, na medida em que colocou o Estado no centro e a Igreja à margem dos espaços de decisão quanto aos rumos políticos do país. Mas a população católica ainda era majoritária e

---

mente em 1920 com revisões), pode-se compreender que um dos efeitos da colonização portuguesa e católica no Brasil foi a construção de uma forma de conduta social que cotidianamente deixa-se nortear pelos valores e códigos morais religiosos oriundos da Igreja Católica. Em seu livro, Weber propôs que a ética protestante teria contribuído para a formação de um espírito – no sentido de conduta social – que teria sido fundamental ao fortalecimento do capitalismo norte-americano no início do século XX. Isso porque, ao contratarem trabalhadores protestantes, os donos das grandes empresas passaram a lidar com uma massa de trabalhadores cuja disciplina para o trabalho os favorecia com produtividade e consequente lucro. Weber entendeu que essa disciplina espelhava aquela recebida pelos protestantes nos bancos das suas igrejas. Pensando a partir dessa noção de ética debutária de Weber, propomos que a influência católica na formação das ideias e das condutas sociais dos(as) brasileiros(as) é um elemento central para compreendermos a construção do Estado brasileiro, sua sociedade civil e a sua cultura, assim configurando uma espécie de *substrato de cultura religiosa católica*, que acaba por se tornar referencial até mesmo para outras religiosidades em solo brasileiro. Desenvolvo mais detidamente essa hipótese no texto "Da ética católica ao 'espírito' do neopentecostalismo brasileiro", publicado no livro *Religião: olhares* (2016).

por meio dessa força a Igreja mantinha influência importante, tanto na esfera da vida privada das pessoas quanto no âmbito da vida pública.

Se olharmos para os números divulgados pelo Instituto Brasileiro de Geografia e Estatística (IBGE), em 2000 os católicos somavam 73,6%. Posteriormente, o censo de 2010 mostrou que totalizavam 64,6%. Como pode ser observado, mesmo que exista ainda uma grande parcela católica na população, desde o primeiro censo realizado em 1872, existem indicadores de que tal religião vem perdendo adeptos para outras tradições e, sobretudo, mais recentemente para os grupos pentecostais e neopentecostais. Se em 2000, 124.980.132 declaravam ser da Igreja Católica Apostólica Romana, em 2010 esse número caiu para 123.280.172. No entanto, essa queda não seria tão significativa se entre evangélicos (uma designação generalizante que reúne diversas denominações entre protestantes e pentecostais) o total de 26.184.941 de 2000 não houvesse subido para 42.275.440 em 2010; isto é, quase dobrado. Estes dados estão ilustrados nos gráficos a seguir:

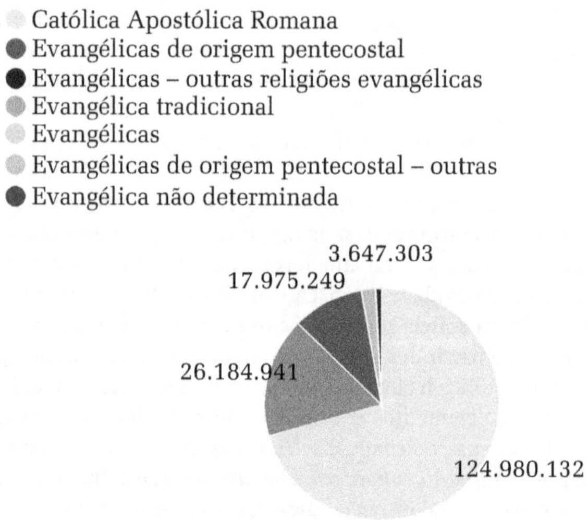

Fonte: IBGE – Censo Demográfico.

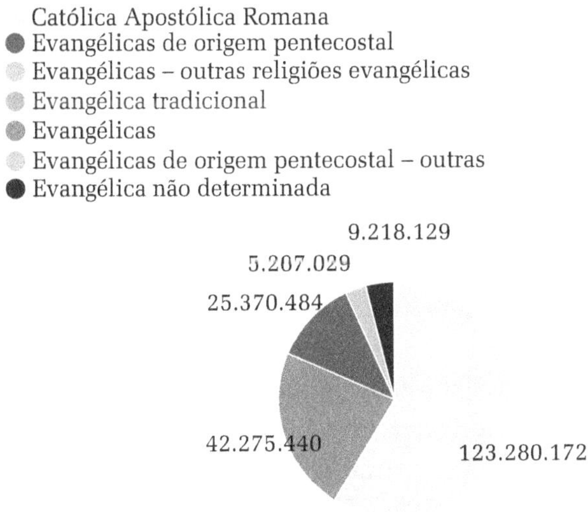

Fonte: IBGE – Censo Demográfico.

Mas o que, de fato, esses números implicam em termos de transformação das e nas dinâmicas socioculturais no interior das escolas? Em que medida o ensino sobre religião pode contemplar as transformações sociais contribuindo para o entendimento das diversidades que se apresentam e querem se fazer ouvir no Brasil contemporâneo? Compreendermos essa mudança é significativo, porque ela tem reflexos tanto na forma de se pensar o sistema público de ensino quanto na população escolar e, consequentemente, nas próprias dinâmicas de vivência dos espaços escolares.

2 O Ensino Religioso em face às novas dinâmicas sociais

Como se sabe, o ERE na escola pública do Brasil contemporâneo passou a existir como resultado da LDB de 1996, conforme a segunda redação do art. 33. Vale dizer que as indicações específicas na Constituição de 1988, a respeito do assunto religião, previram garantia de liberdade de culto, de consciência e de engajamento filosófico-ideológico a todos(as) cidadãos(ãs). Essa orientação, por si somente, indica uma nova condição de possibilidade para o ensino sobre religião nas escolas, como resultado do entendimento de que o Brasil é um Estado laico e democrático, mas não indiferente às religiões. Como mencionamos acima, não poderia ser de outra maneira, tendo em vista a própria história de construção do Estado brasileiro, com forte participação da Igreja Católica. Assim, não sendo indiferente às religiões, ele as reconhece, permite-lhes a existência concedendo-lhes direitos e prerrogativas, mas exime-se de interferir em suas dinâmicas internas, não cabendo à União manifestar-se favoravelmente a qualquer uma delas.

Pode-se afirmar, portanto, que em face da dinâmica histórica e social característica à formação do Estado Brasileiro, ao fim dos anos de 1990 delineava-se a compreensão de que o ERE existiria não por causa da obrigatoriedade da lei, mas em função do reconhecimento que se trata de um tema relevante para a agenda pública, para a vida social e cultural da população brasileira. Trata-se, portanto, de um tema central para o entendimento sobre o próprio processo que constitui nossas identidades sociais, tendo em vista que as religiões são portadoras de diferentes narrativas de sentido (mitos fundantes), discursos éticos, valores morais, formas de classificar e interpretar o mundo, bem como orientações para a vida do ponto de vista ontológico e social[3].

Assim, se é da alçada do Estado garantir ao(à) cidadão(ã) oportunidades e condições para uma formação cidadã plena, é

---

3. Discuto mais detidamente esse tema no artigo "A formação do Estado secular brasileiro: notas sobre a relação entre religião, laicidade e esfera pública", de 2013.

também seu dever lhes fornecer espaços de interação onde seja possível o debate racional sobre a religião. Dito de outra forma, contemporaneamente o ERE assume o lugar de ser um fórum não tutelado pelas religiões, cuja finalidade é promover conhecimento histórico-social, cultural e fenomenológico sobre as religiões e não mais apenas um ensino católico. Daí a necessidade de professores e professoras com formação adequada para essa qualidade de ensino sobre religião.

Uma observação, no entanto, deve ser colocada sob holofotes. Ainda que paulatinamente o catolicismo tenha cedido fiéis para outras religiões, o trânsito ocorreu predominantemente entre tradições religiosas cristãs, mesmo que sob diferentes perspectivas teológicas (como as protestantes e pentecostalizadas). Esse detalhe é de extrema importância, porque nas escolas a mudança resultará em definição de novas identidades religiosas, as evangélicas. E, agora, com a expansão dos direitos e das liberdades individuais permitindo maior espaço para expressões religiosas antes invisibilizadas, como as evangélicas e as afro-brasileiras, novos conflitos se instaurarão.

Diante dessas nascentes configurações sociais o ERE assume o caráter de componente curricular cuja pretensão é garantir conhecimento, competências e habilidades válidas para uma formação cidadã, preocupada com o bem-estar social em face às novas dinâmicas sociais. Como afirmou Geertz (2001, p. 155): "Deixar a religião fora disso tudo, exceto como sintoma ou índice da dinâmica 'real' 'subjacente', é menos encenar a peça sem o príncipe do que encená-la sem a trama. O mundo não funciona apenas com crenças. Mas dificilmente consegue funcionar sem elas".

Em outras palavras, ao figurar o conjunto de componentes curriculares que estruturam a BNCC, o ERE visa à tematização de conceitos relativos às religiões, mas também suas diversas tradições, formas de crer e expressar a crença, partindo do pressuposto que sociedade e cultura brasileira estão assentadas sobre uma base constituída de elementos de religiões e religiosidades indígenas, cristãs, africanas, dentre outras. Por essa razão, o ERE que se pretende para os sistemas públicos de Educação visa à construção de conhecimento sobre as religiões no Brasil, que as entende como constituintes da nossa identidade, mas também como uma dimensão da experiência humana, a qual pode ser entendida como categoria antropológica.

Dessa forma, a finalidade desse componente curricular não recai sobre o ensino de uma religião, mas "sobre" religião, sempre numa perspectiva de admiração e respeito pelas narrativas religiosas que diferentes grupos elaboraram, a fim de dar respostas às questões mais simples da vida humana, isso porque [...] "os ritos narram, encenam, repetem e representam histórias e acontecimentos religiosos" (BNCC, 2017, p. 437), que, além de preencherem de sentidos a existência humana, dividem-na 1) em tempos (tempo sagrado, tempo profano; tempo de plantar, tempo de colher; tempo para adorar, tempo para trabalhar etc.), 2) em calendários, 3) em etapas da vida (da infância à adolescência, juventude e maturidade), 4) em ocasiões de festas (com nascimentos, batismos, ritos de passagem, casamentos e velórios pela morte de pessoas que chegam ao fim do ciclo da vida) e 5) em situações de conflito, desentendimento e guerras.

Ler, ouvir e conhecer essas narrativas apresenta-se como meio de comunicar as diversas formas de crer, viver e conviver socialmente que os diferentes grupos religiosos têm desenvolvido em suas trajetórias.

3 Ideias para um ERE significante e significativo

Segundo se sabe, as palavras ao serem pronunciadas expressam-se também num nível de materialidade que possibilita ao ato da comunicação o fazer imagens da palavra falada e, assim, permitem a sensação da palavra. Religião ou religiões são palavras que resguardam profundos sentidos, elas são *significativas*; Religião ou religiões são palavras *significantes* porque ao se expressarem manifestam formas, modelos e padrões. O ensino sobre religião torna-se relevante, portanto, quando explicita o significante das religiões – tirando véus de sobre o fenômeno, um a um – até que se chegue ao significativo da religião. Nesse ponto, cabe destacar a centralidade da *experiência religiosa*, enquanto categoria analítica da Ciência da Religião, para o estudo das tradições e dos fenômenos religiosos no contexto escolar.

Segundo o entendimento de Joachim Wach (1898-1955), a Ciência da Religião poderia ser equiparada a um campo de estudos coordenados sobre a religião, em que se pode observar a preocupação quanto (a) à natureza, (b) às características e (c) às funções das religiões. É uma *Geisteswissenschaft* (ciência do espírito). Dessa forma, a religiosidade subjetiva se objetiva em diversas expressões, as quais apropriam-se de estruturas definidas (no tempo, na história e nas diferentes sociedades/civilizações) que podem ser compreendidas. Noutras palavras, o significativo das religiões se objetiva, isto é, materializa, nas diversas expressões das religiões. As expressões das religiões, todavia, se dão em estruturas definidas, que são: sociedades ou grupos, que vivem em espaços e lugares e em diferentes tempos e épocas.

O estudo das estruturas das expressões religiosas constitui um dos objetivos principais da *Religionswissenschaft*. Daí que se pode compreender que uma das partes da Ciência da Religião é descritiva, pois neste estágio preocupa-se em identificar unidades e leis (que podem se repetir ou apresentar similaridades com outras religiões), mediante a análise empírica e o exame minucioso do que é dado na *experiência*[4].

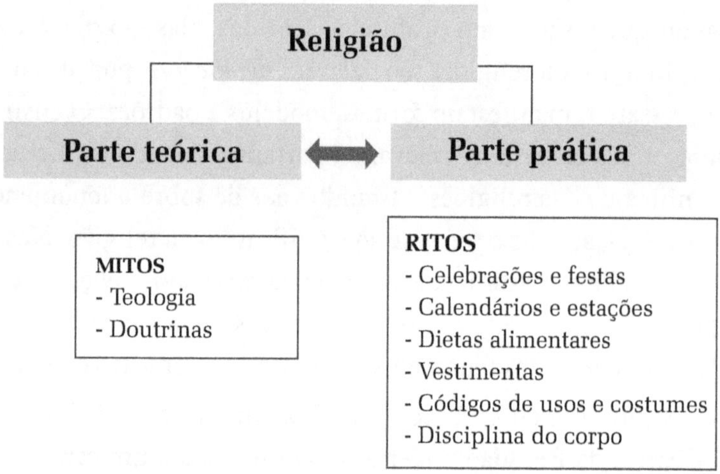

Fonte: Autora do capítulo, 2019.

De modo mais sintético, pode-se afirmar que a forma da religião é sua parte significante, enquanto os seus conteúdos (teológicos e doutrinários) são aquilo que a tornam significativa. Em outras palavras, podemos dividir o estudo da religião no âmbito do ERE em duas partes, assim como as próprias religiões se expressam: uma parte que é prática e outra que é teórica.

---

4. Para J. Wach, a Ciência da Religião divide-se em três campos relacionados: 1) Hermenêutica (teoria da interpretação); 2) Estudo da experiência religiosa; 3) Sociologia da religião. Para conhecer esse autor, sugiro a leitura de *Sociologia da religião* (também conhecido como Estudo Comparado das Religiões), de 1955.

Ao se tomar o estudo da religião nessa perspectiva metodológica, duas ênfases importantes são concedidas. Em primeiro lugar, valoriza-se as expressões da religião (a sua parte prática) e, em segundo lugar, ao se descrever tais expressões é preciso buscar os sentidos que estão por trás das práticas rituais, a fim de melhor compreendê-las, as quais acontecem nas celebrações, nos ritos de batismos/casamentos/cerimônias fúnebres, nas festas (juninas e outras), nas comidas que são servidas nas ocasiões de celebrações, nas razões pelas quais certas práticas são proibidas (*tabus*) para alguns grupos e outras não, dentre outras.

O exercício de buscar os sentidos que subjazem às práticas necessariamente remontará aos mitos – "*histórias e acontecimentos religiosos*" – dos quais emergem códigos de comportamento e de conduta, que orientam as pessoas influenciando suas opiniões e norteando suas decisões na vida cotidiana. Por isso, a *experiência religiosa* enquanto categoria analítica que projeta ao nível das ideias a vivência da religião revela-se como instrumento produtivo para a construção do conhecimento sobre as religiões, numa perspectiva compreensiva e que, portanto, conduz ao respeito pelas diversidades.

Na BNCC (BRASIL, 2017, p. 9), especificamente no item "competências", pontos 4 e 6, a experiência (no sentido de vivência) aparece como um tipo de conhecimento dos educandos e das educandas que deve ser valorizado na prática docente. O documento sugere que: sejam utilizadas "diferentes linguagens – verbal (oral ou visual-motora, como Libras e escrita), corporal, visual, sonora e digital –, bem como conhecimentos das linguagens artística, matemática e científica, para se expressar e partilhar informações, experiências, ideias e sentimentos em diferentes contextos e produzir sentidos que levem ao entendimento mútuo".

No trato da religião, cuja linguagem caracteriza-se por grande riqueza de imagens, de símbolos e de formas de expressão que passam pelas artes (arquitetura, música, dança, escultura, literatura, pintura, cinema etc.), pelos movimentos sociais e por tantos acontecimentos históricos em que instituições e pessoas religiosas foram agentes fundamentais, essa competência aplica-se na medida em que identificadas as pertenças religiosas e não religiosas dos alunos e das alunas em sala, pelo mapeamento, pode-se solicitar que pesquisem nas diversas mídias (impressas e digitais) a história de origem de cada uma dessas tradições religiosas[5].

Diante do material recolhido, um segundo movimento de construção do conhecimento sobre as religiões tem em vista a valorização das diversidades, dos saberes e das vivências culturais de cada uma dessas tradições religiosas, por meio da apropriação desses conhecimentos. Aqui chegamos ao ponto no qual é possível ao docente de ERE relacionar o mapa religioso e não religioso de seu grupo discente com as primeiras informações coletadas e a experiência que cada pessoa em seu grupo tem ou não com a religião. Isto significa criar um ambiente propício ao conhecimento das alteridades (do outro) e das diversidades (formas pelas quais outros interpretam a vida), proporcionando vivências "[...] que lhe possibilitem entender as relações próprias do mundo do trabalho e fazer escolhas alinhadas ao exercício da cidadania e ao seu projeto de vida, com

---

5. "Mapear o campo religioso da escola constitui um instrumento valioso de ensino. Quais são as religiões representadas no ambiente escolar? O que se sabe a respeito delas? Quais são os espaços religiosos (sagrados) ao redor da unidade escolar? Existem lideranças religiosas proeminentes e reconhecidas pela comunidade escolar? Para além disso, quais festas religiosas e quais costumes ligados à religião são conhecidos por esse grupo?" (MARTINS & RODRIGUES, 2018, p. 146).

liberdade, autonomia, consciência crítica e responsabilidade" (BRASIL, 2017, p. 9). E isso, sem prescindir do movimento que traz da vida, ou seja, do concreto, os elementos necessários para se elaborar uma reflexão conceitual sobre religião, que requer o pensamento abstrato. Com base nessa possível relação entre concreto e abstrato é que se pode alcançar um conhecimento significativo e relevante para a comunidade escolar.

Dito de outro modo, ensinar a partir do concreto – das expressões das tradições religiosas presentes no próprio contexto escolar – implica reconhecer a historicidade do outro (em toda sua complexidade de viver e de crer a sua fé ou ausência dela) e, com isso, promover oportunidades de aprendizado a respeito de conteúdos significativos que fomentam o respeito, a coexistência, a solidariedade, a gentileza e a consciência de igualdade.

4 O reconhecimento da alteridade e a promoção do respeito

Na BNCC o ERE é dividido em três unidades temáticas que englobam as partes da religião. A primeira delas é denominada *Identidades e alteridades*, seguida de *Manifestações religiosas* e, por fim, *Crenças religiosas e filosofias de vida*.

Ao se falar em *Identidades e alteridades*, nessa unidade, levar os e as estudantes a valorizarem e reconhecerem (no sentido do acolhimento) "[...] o caráter singular e diverso do ser humano, por meio da identificação e do respeito às semelhanças e diferenças entre o eu (subjetividade) e os outros (alteridades), da compreensão dos símbolos e significados e da relação entre imanência e transcendência" (BRASIL, 2017, p. 436).

Na sequência, "[...] (símbolos, ritos, espaços, territórios e lideranças)" são considerados um conjunto de elementos que constituem a unidade temática Manifestações religiosas. Nessa unidade objetiva-se "proporcionar o conhecimento, a valorização e o respeito às distintas experiências e manifestações religiosas, e a compreensão das relações estabelecidas entre as lideranças e denominações religiosas e as distintas esferas sociais" (BRASIL, 2017, p. 437).

Em terceiro lugar, a unidade temática *Crenças religiosas e filosofias de vida* concentra-se em assuntos considerados fundamentais para as religiões, movimentos religiosos e filosofias de vida. Em especial, são tratados os "[...] mitos, ideia(s) de divindade(s), crenças e doutrinas religiosas, tradições orais *e escritas, ideias de imortalidade, princípios e valores éticos*" (BRASIL, 2017, p. 437).

A relação que se estabelece entre essas unidades é não apenas interessante, como do ponto de vista da Ciência da Religião, uma relação complementar. Como indicamos acima, a aproximação da religião no âmbito do componente curricular ERE pode didaticamente ser realizada a partir do entendimento de que o fenômeno religioso dá-se a conhecer por meio de duas dimensões, uma que é prática e outra que é teórica. Também como ilustrado anteriormente, essas partes mantêm relação entre si, de forma que os rituais dramatizam as narrativas míticas. Ao serem encenadas, portanto, essas histórias são revividas pelos fiéis que nelas creem e que a elas atribuem novos sentidos dinâmica e constantemente.

Em outras palavras, cabe ao(à) docente de ERE ter em mente que as ideias e crenças religiosas formam uma mentalidade religiosa, ou um conjunto de ideias religiosas (no sentido de ideologia), que orienta as pessoas crentes, por exemplo, em suas ações cotidianas, em suas tomadas de decisões, em seus posicionamentos políticos e em suas mais variadas opiniões sobre diversos assuntos. Essas ideias, nesse sentido, pautam suas ações concedendo-lhes marcas, traços e características em comum que lhes fazem ser comunidade, conferindo-lhes identidade.

Certas comunidades e pessoas religiosas são facilmente reconhecidas pela forma como pensam e agem, mas igualmente pelos símbolos que ostentam. Isso significa que, assim como uma pessoa do candomblé pode ser identificada pelas suas guias e/ou hábitos alimentares, uma pessoa de crença pentecostal mais tradicional pode ser reconhecida por vestes sóbrias e costumes restritivos que envolvem, por exemplo, não fumar ou beber álcool. Alguém ligado ao catolicismo pode ser identificado pelo hábito de benzer-se com o sinal da cruz, sempre que defronte a um templo católico. Todas essas práticas podem ser consideradas sinais (revestidos de sentidos) de uma determinada religião. Logo, são manifestações religiosas que estabelecem laços entre as pessoas religiosas e os grupos aos quais aderem; assim são expressões de uma identidade religiosa.

Ao mesmo tempo, quando um grupo elege certos símbolos e gestos como seus marcadores de identidade, forma um conjunto de expressões que o distingue de outros. Tais marcadores, portanto, expressam identidades que se consolidam na medida em que diferenciadas de outras identidades. Mesmo que indicadores não sejam absolutos (pois mesmo dentro de um grupo religioso podem e existem diferenças entre as pessoas), eles acabam por contribuir para a classificação das religiões. Isto é, sabe-se que em geral as tradições religiosas cristãs consideram a Bíblia seu livro Sagrado. Por seu turno, judeus estimam a Bíblia Hebraica (apenas o Antigo Testamento da Bíblia cristã) e muçulmanos afirmam a autoridade do Alcorão. Todas as três religiões são chamadas "religiões do livro", porque admitem um texto sagrado e entendem que em tal texto há orientações divinas para a vida dos seus fiéis. No entanto, cada religião possui seu próprio livro sagrado. Outras religiões, como as afro-brasileiras, não possuem livros sagrados, mas colecionam suas narrativas sagradas, que transmitem de geração em geração, na forma oral.

5 Aprender-ensinar-aprender sobre religião

Na qualidade de componente curricular da BNCC, o ERE alcança toda a rede do Ensino Fundamental, abarcando crianças e adolescentes entre 6 e 14 anos, aproximadamente. Por serem idades que correspondem a fases do desenvolvimento psicoemocional e cognitivo tão distintas, a BNCC divide e indica temas para cada ano – do 1º ao 9º – considerando as especificidades dessas faixas etárias e os conteúdos mais adequados às questões que elaboram. Pode-se afirmar, então, que a BNCC propõe diretrizes para o ERE com base em uma noção de Educação integral, a qual se refere à construção intencional de processos educativos que promovam aprendizagens sintonizadas com as necessidades, as possibilidades e os interesses dos e das estudantes, ao mesmo tempo em que se importa com os desafios da sociedade contemporânea (BRASIL, 2017, p. 14).

Na linha do que educadores como Paulo Freire (1921-1997) têm proposto e porque entende-se que a religião é matéria que está disponível no dia a dia das crianças, adolescentes e toda a comunidade, o Ensino Religioso escolar na BNCC distingue-se da ideia de "ensino de religião" na escola e sutilmente propõe falar "sobre a religião" na escola, a fim de que preconceitos, violências, processos de invisibilização e intolerâncias sejam dissipadas dos ambientes escolares.

Diferente do ensino de religião que repõe a lógica de uma tradição em detrimento de tantas outras possíveis, afirmando um conjunto de ideias e crenças religiosas sem possibilidade de reflexão e de crítica, o ensino sobre as religiões tem por finalidade ampliar o horizonte de conhecimento de cada discente a fim de que tendencialmente tenham condições de construírem suas opiniões e, informados, possam elaborar e fazer suas opções. A proposta, então, remonta à noção de uma educação para autonomia. Uma educação que não subjuga os(as) alunos(as) a um paradigma religioso estrito, mas, ao contrário, oferece-lhes elementos a fim de que possam elaborar seus próprios meios para tomada de decisão, sempre em respeito às alteridades e aos diversos pontos de vista religiosos.

Com essa perspectiva, o ERE proposto na BNCC compreende todo o Ensino Fundamental, dos anos iniciais aos anos finais, estabelecendo assuntos relacionados às unidades temáticas mencionadas anteriormente, com atenção às especificidades de cada ciclo.

Para os anos iniciais, a atenção é dada para a capacidade da criança de elaborar e fazer perguntas. Observa-se também com interesse as respostas e a formulação de argumentos que gradativamente são construídos na interação com diferentes produções culturais. É recomendado o uso de tecnologias da informação e da comunicação (mídias online e impressas), bem como a organização de trabalhos no ambiente escolar que girem em torno de demandas e de interesses manifestados pelas crianças, isto é, que remontem às suas vivências imediatas. Parte-se do princípio que ao serem evocadas, tematizadas e trabalhadas em sala de aula essas vivências, os saberes tematizados – por serem já em alguma medida conhecidos – despertarão maior interesse nos e nas discentes. Dessa forma, entende-se que será possível ampliar a compreensão das crianças "[...] progressivamente, [...] o que se dá pela mobilização de operações cognitivas cada vez mais complexas e pela sensibilidade para apreender o mundo, expressar-se sobre ele e nele atuar" (BRASIL, 2017, p. 56, 57).

Assim, a partir da BNCC é possível afirmar que pretende-se um ERE em conformidade com as fases do desenvolvimento cognitivo discente, sempre de modo a complexificar-se gradativamente até as faculdades de pensamento e raciocínio mais abstratas. O pressuposto pedagógico é que a tematização do fenômeno religioso em sala de aula deve ter início pelo concreto, ou seja, por conteúdos ricos em imagens e símbolos, que façam referência a linguagem visual da religião e que possam ser identificados, por exemplo, na arquitetura dos templos e dos espaços religiosos, nas indumentárias e vestes, nas comidas, nas músicas e instrumentos musicais, nas *performances* religiosas de rituais, festas e celebrações etc. Dos 6 aos 10 anos de idade, aproximadamente, o Ensino Religioso escolar se caracterizará pela descrição que tomará por referência os conteúdos da religião disponíveis na vivência imediata – na experiência – daqueles e daquelas que formam a comunidade escolar[6].

A partir dos 10-12 anos de idade, aproximadamente, quando as crianças vivenciam a fase de transição com destino à adolescência, novas perguntas e outras espécies de dúvidas surgem. Este novo momento, em grande medida caracterizado por enfrentamentos, é revestido por uma espécie de nostalgia da ingenuidade e da visão de que o mundo era bom e belo. A passagem para a adolescência, não raro, é marcada pela dureza de uma consciência sobre o mundo ao seu redor, que agora o percebe como mal e feio. Como declara a BNCC, emerge uma fase "marcada por intensas mudanças decorrentes de transformações biológicas, psicológicas, sociais e emocionais" (BRASIL, 2017, p. 58) ampliadas por diferentes vínculos sociais e pela identificação de outras formas de relações afetivas. O desvelar de um horizonte tão amplo de experiências, contatos, ideias e condutas requerem e, ao mesmo tempo, forçam os(as) adolescentes a desenvolverem suas faculdades intelectuais, como a capacidade de raciocinar abstratamente.

---

6. Didaticamente revelam-se produtivos os seguintes recursos: "paisagens religiosas, construções de templos e espaços sagrados, nomes de ruas e de monumentos públicos, filmes religiosos e outros exemplos do cotidiano dos educandos e educandas" (MARTINS & RODRIGUES, 2018, p. 148).

Assim, os objetos de conhecimento dos anos finais do Ensino Fundamental enfatizam, por exemplo, os temas Mística e espiritualidades, Lideranças religiosas, Princípios éticos e valores religiosos, Lideranças e direitos humanos para o 7º ano. Para o 8º ano estão previstos temas, como: Crenças, convicções e atitudes, Doutrinas religiosas, Crenças, filosofias de vida e esfera pública, Tradições religiosas, mídias e tecnologias. E, por fim, já no 9º ano, os temas indicados são: Imanência e transcendência, Vida e morte, Princípios e valores éticos (BRASIL, 2017, p. 452-457).

Com a finalidade de desenvolver os temas do 7º ano a BNCC propõe as seguintes habilidades: reconhecer e respeitar as práticas de comunicação com as divindades em distintas manifestações e tradições religiosas; identificar práticas de espiritualidade utilizadas pelas pessoas em determinadas situações (acidentes, doenças, fenômenos climáticos); reconhecer os papéis atribuídos às lideranças de diferentes tradições religiosas; exemplificar líderes religiosos que se destacam por suas contribuições à sociedade; discutir estratégias que promovam a convivência ética e respeitosa entre as religiões (BRASIL, 2017, p. 253).

Pelo elenco de temas previstos para este ano percebe-se que a BNCC reforça noções importantes discutidas desde a unidade temática *Identidades e alteridades*. A competência de observar, identificar e saber reconhecer a legitimidade de cada grupo religioso é objetivada nesse estágio do desenvolvimento das(dos) alunas(os), a fim de que por meio desses saberes existam condições para 1) o entendimento mútuo entre as identidades religiosas (com suas especificidades), assim como 2) o respeito pelas alteridades e pelo direito que possuem de viver conforme diferentes alternativas religiosas.

Diferente de apenas apresentar descritivamente as *Manifestações religiosas*, nesse estágio do aprendizado, a proposta é promover diálogo e compreensão sobre a complexidade religiosa, com vistas à formação de possíveis acordos ou, no mínimo, a habilidade de convivência respeitosa entre as diferentes partes, sendo elas religiosas ou não. Por fim, no 8º e 9º anos a proposta é seguir com a promoção de espaços para o fomento do debate e da compreensão em relação à diversidade e pluralidade religiosa, características do campo religioso brasileiro.

Sendo tantos os desafios propostos pelo ERE na BNCC, emerge a expectativa de que discentes, professores(as) e pesquisadores(as) dos Estudos de Religião reúnam suas forças no intuito de ampliar e construir mais espaços de debate sobre a matéria principal do Ensino Religioso escolar nas escolas públicas brasileiras, que é o fenômeno religioso nas suas mais variadas e ricas formas de experiência. Para tanto, *aprender-ensinar-aprender* sobre religião é tarefa que se impõe a todos e todas impelidos a esse campo de eternas-novas-dinâmicas e alternativas religiosas.

Referências

BRASIL. *Base Nacional Comum Curricular* – Versão Final. Brasília: MEC, 2017.

GEERTZ, C. *Nova luz sobre antropologia*. Rio de Janeiro: Zahar, 2001.

RISKE-KOCH, S.; OLIVEIRA, L.B. & POZZER, A. (orgs.). *Formação inicial em Ensino Religioso* – Experiências em cursos de Ciência(s) da(s) Religião(ões) no Brasil. Florianópolis: Saberes em Diálogo, 2018.

RODRIGUES, E. "Ensino Religioso e área de conhecimento". In: JUNQUEIRA, S.; BRANDENBURG, L. & KLEIN, R. (orgs.). *Compêndio de Ensino Religioso*. São Leopoldo/Petrópolis: Sinodal/Vozes, 2017, p. 117-129.

______. "A formação do Estado secular brasileiro – Notas sobre a relação entre religião, laicidade e esfera pública". In: *Horizonte*, vol. 11, n. 29, 2013, p. 149-173. Belo Horizonte.

WACH, J. *Sociologia da religião*. São Paulo: Paulinas, 1990.

Sugestões de textos/material acessíveis online

1) RODRIGUES, E. "Ciência da Religião e Ensino Religioso: efeitos de definições e indefinições na construção dos campos". In: *Rever*, vol. 15, n. 2, jul.-dez./2015, p. 55-66. São Paulo [Disponível em http://revistas.pucsp.br/rever/article/view/26184 Acesso em 13/09/2019].

2) ULRICH, C.B. & GONÇALVES, J.M. "O estranho caso do Ensino Religioso: contradições legais e questões epistemológicas". In: *Estudos Teológicos*, vol. 58, n. 1, jan.-jun./2018, p. 14-27 [Disponível em http://www.est.com.br/periodicos/index.php/estudos_teologicos/article/view/3284 – Acesso em 13/09/2019].

3) SALLES, W. & GENTILINI, M.A. "Desafios do Ensino Religioso em um mundo secular". In: *Cadernos de Pesquisa*, vol. 48, n. 169, set./2018, p. 856-875 [Disponível em http://www.scielo.br/scielo.php?script=sci_arttext&pid=S0100-15742018000300856&lng=en&nrm=iso – Acesso em 13/09/2019].

5

Conhecimento religioso: possibilidades de aprendizagem a partir da BNCC

Edile Maria Fracaro Rodrigues
Doutora em Teologia (PUC-Paraná)
Professora-assistente (PUC-Paraná)

Introdução

O ser humano busca respostas para a sua existência em diferentes formas de crer, ou a opção de não crença. Com o entendimento então de que a religião é vivida em contextos sociais e individuais, que influenciam a vida em sociedade, a cultura e a história, é que se propõe o entendimento do ser humano como ser religioso. Tal compreensão levanta possibilidades para investigar a maneira de pensar e o modo de agir que podem orientar, e até mesmo condicionar e determinar, a concepção de mundo e a compreensão da vida do ser humano. Por isso, para compreender uma sociedade é necessário entender as influências de inúmeras organizações, inclusive as religiosas, para uma completa caracterização social.

A riqueza da diversidade cultural e religiosa brasileira precisa ser valorizada na escola, local da aprendizagem que pode trabalhar as regras do espaço público democrático, buscando a superação de todo e qualquer tipo de discriminação e exclusão social, valorizando cada indivíduo e todos os grupos que compõem a sociedade brasileira, garantindo o exercício da cidadania e o direito de expressão religiosa.

No decorrer da história da Educação brasileira percebe-se que a disciplina de Ensino Religioso (ER) passou por processos de alteração em consequência da compreensão de sua natureza e de opções políticas. A visão de cada época contribuiu para que esse componente curricular passasse por diferentes formas de viabilização e de expressão. E sua presença na escola pública das diferentes unidades da Federação sempre foi objeto de discussão, como aponta Santos (2017, p. 50): "No desenrolar da história foram sendo constituídos vários movimentos institucionais favoráveis e contrários à sua presença na Educação [...]". O mesmo posicionamento ocorre em relação à Base Nacional Comum Curricular (BNCC), com opções favoráveis e contrárias à sua construção e homologação.

Os debates se intensificam, especialmente nos últimos vinte anos do século XX até o presente momento. E a BNCC, ao apresentar e definir o ER como uma das cinco áreas do conhecimento, também traz olhares de aprovação e reprovação no meio da comunidade científica sobre a sua presença no espaço escolar.

O documento da área de Ciências da Religião e Teologia da Capes (2016) reconhece a modalidade de Ensino Religioso em uma abordagem não confessional, contribuindo para uma perspectiva da diversidade religiosa. Segundo Senra (2017, p. 10), há um esforço por parte de todos os pesquisadores, pesquisadoras e pessoal docente da área de Ciências da Religião e Teologia para "superar toda forma de proselitismo religioso nas escolas públicas – lugar em que a questão do Ensino Religioso é um tema bastante sensível".

A devida contextualização do ser humano no tempo e no espaço é muito importante para a intenção da prática pedagógica, bem como as políticas públicas que gerem o sistema educacional. Entre as questões educacionais levantadas estão as competências e habilidades que devem ser desenvolvidas considerando o processo de ensino e aprendizagem. No âmbito da diversidade religiosa, as implicações antropológicas e sociais para o desenvolvimento religioso.

É a partir, então, de uma visão não proselitista e de uma perspectiva da diversidade religiosa que se pretende discutir sobre o processo de ensino e aprendizagem do ER, sobretudo considerando o objeto de estudo proposto pela BNCC: o conhecimento religioso.

1 Religião e conhecimento social

Diferentes reflexões sobre a experiência religiosa, como fazem Rudolf Otto (1869-1937) e Mircea Eliade (1907-1986), conduzem ao estudo e à compreensão do fato religioso, que é, antes de tudo, um dado social, um fato humano, algo na vida humana, como a linguagem, a cultura e a arte. O papel das tradições religiosas é oferecer uma orientação global que dê sentido a tudo que cerca o ser humano, criando valores e normas e estabelecendo um universo simbólico que aponte para além do cotidiano. Enquanto comportamento instintivo, característico do ser humano, a religião e suas expressões são observadas através dos tempos em todas as culturas. A partir da busca da compreensão de si mesmo e do mundo, em relação aos fatos "inconsoláveis" e desconhecidos, o ser humano acaba personalizando essa experiência com o transcendente. É por isso que todos os povos, no decorrer da história, conceituaram e transmitiram sua ideia sobre a transcendência, organizando seus ritos, cultos e expressões e conhecimentos religiosos.

Nesse contexto, o conhecimento, então, poderia ser entendido como entrelaçamento de razão e fé, e o transcendente seria o centro da organização social. Posteriormente, a leitura do mundo passou a ser antropocêntrica, colocando o ser humano em uma nova perspectiva (RODRIGUES & JUNQUEIRA, 2009).

O estabelecido pela BNCC sobre o conhecimento religioso é que as Ciências Humanas e Sociais, notadamente da(s) Ciência(s) da(s) Religião(ões), "investigam a manifestação dos fenômenos religiosos em diferentes culturas e sociedades enquanto um dos bens simbólicos resultantes da busca humana por respostas aos enigmas do mundo, da vida e da morte" (BRASIL, 2017, p. 434).

> Cabe ao Ensino Religioso tratar os conhecimentos religiosos a partir de pressupostos éticos e científicos, sem privilégio de nenhuma crença ou convicção. Isso implica abordar esses conhecimentos com base nas diversas culturas e tradições religiosas, sem desconsiderar a existência de filosofias seculares de vida (BRASIL, 2017, p. 434).

Homologada pelo ministro da Educação Mendonça Filho, em 20 de dezembro de 2017, a BNCC é um documento que pretende ser "uma referência nacional obrigatória para a elaboração ou adequação de seus currículos e propostas pedagógicas" (BRASIL, 2017, p. 5), bem como estabelece competências e habilidades do ER e o seu objeto de estudo, que é o conhecimento religioso. "O Ensino Religioso busca construir, por meio do estudo dos conhecimentos religiosos e das filosofias de vida, atitudes de reconhecimento e respeito às alteridades" (BRASIL, 2017, p. 437).

E são estabelecidas seis competências específicas de ER no Ensino Fundamental:

> 1) Conhecer os aspectos estruturantes das diferentes tradições/movimentos religiosos e filosofias de vida, a partir de pressupostos científicos, filosóficos, estéticos e éticos.
> 2) Compreender, valorizar e respeitar as manifestações religiosas e filosofias de vida, suas experiências e saberes, em diferentes tempos, espaços e territórios.

> 3) Reconhecer e cuidar de si, do outro, da coletividade e da natureza, enquanto expressão de valor da vida.
> 4) Conviver com a diversidade de crenças, pensamentos, convicções, modos de ser e viver.
> 5) Analisar as relações entre as tradições religiosas e os campos da cultura, da política, da economia, da saúde, da ciência, da tecnologia e do meio ambiente.
> 6) Debater, problematizar e posicionar-se frente aos discursos e práticas de intolerância, discriminação e violência de cunho religioso, de modo a assegurar os direitos humanos no constante exercício da cidadania e da cultura de paz (BRASIL, 2017, p. 435).

Com essas competências espera-se alcançar quatro objetivos:

> a) Proporcionar a aprendizagem dos conhecimentos religiosos, culturais e estéticos, a partir das manifestações religiosas percebidas na realidade dos educandos.
> b) Propiciar conhecimentos sobre o direito à liberdade de consciência e de crença, no constante propósito de promoção dos direitos humanos.
> c) Desenvolver competências e habilidades que contribuam para o diálogo entre perspectivas religiosas e seculares de vida, exercitando o respeito à liberdade de concepções e o pluralismo de ideias, de acordo com a Constituição Federal.
> d) Contribuir para que os educandos construam seus sentidos pessoais de vida a partir de valores, princípios éticos e da cidadania (BRASIL, 2017, p. 434).

Em relação ao desenvolvimento das seis competências do ER, é importante destacar a importância do diálogo com outros conhecimentos (científicos, filosóficos, estéticos e ético) o/a professor/a pode valer-se das práticas de linguagem e da experiência estética e intercultural dos/as estudantes para alcançar os objetivos propostos.

O processo de construção de conhecimento desenvolve-se no convívio humano, na interação entre o indivíduo e a cultura na qual vive, com a qual se forma e para a qual se forma. Por isso, fala-se em constituição de competências na medida em que o/a estudante se apropria de elementos com significação na cultura. A constituição das competências é requerimento à própria construção de conhecimentos, o que implica primeiramente superar a falsa dicotomia que poderia opor conhecimentos e competências. Não há real construção de conhecimentos sem que resulte, do mesmo movimento, a construção de competências.

Vê-se no texto da BNCC a expressão "conhecimentos religiosos", o que supõe o convívio interdisciplinar, não só das diferentes áreas do conhecimento, mas os conhecimentos para o ER e reforça-se que "os fenômenos religiosos em suas múltiplas manifestações são parte integrante do substrato cultural da humanidade" (BRASIL, 2017, p. 434).

Para Passos não há distância ou oposição entre o conhecimento religioso e o conhecimento racional, e afirma que o conhecimento religioso é "composto como negociação complexa entre indivíduos e disposto em uma temporalidade capaz de amadurecer e produzir consensos" (PASSOS, 2011, p. 79), compondo uma visão de realidade.

Elenca-se a seguir algumas características do conhecimento religioso a partir de Passos (2011, p. 60-87) para esclarecer o que pode se entender sobre conhecimento religioso:

> 1) Antecede o conhecimento científico, mas não o invalida.
> 2) Faz parte da vida humana e é um dado social.
> 3) Opera na lógica do símbolo, que pode ser de natureza material ou histórica.
> 4) Subsiste como uma dinâmica viva e operante nos tempos modernos.
> 5) Opera como um sistema de representação da realidade.
> 6) Normatiza a vida social e individual.

> 7) Ocupa-se do futuro, lugar fundamental na condução da história e da própria vida humana.
> 8) Ocupa-se de um território de valores aderidos pelas faculdades humanas como verdadeiros, bons e belos para a vida humana feliz.

Em seu texto, Passos afirma (2011, p. 69) que ao reconhecer a existência do conhecimento religioso parte-se de sua legitimidade antropológica e política, além de um discurso de natureza epistemológica. Como vimos anteriormente, para o autor não há distância ou oposição entre o conhecimento religioso e o conhecimento racional, e afirma que o conhecimento religioso é "composto como negociação complexa entre indivíduos e disposto em uma temporalidade capaz de amadurecer e produzir consensos" (PASSOS, 2011, p. 79), compondo uma visão de realidade.

Rodrigues, Junqueira e Martins (2015) consideram a colaboração da Educação na integração social e política do ser humano em seu meio e "a superação de uma visão fragmentadora em todas as suas dimensões" (p. 17). Para os autores, para educar é preciso refletir no processo de humanização, personalização e aquisição de meios para uma ação transformadora na sociedade, e não somente de instrução ou simples transmissão de conhecimentos.

Oliveira (2017, p. 156) inicia seu verbete "Conhecimento religioso" com os seguintes questionamentos: "O 'conhecimento religioso' é passível de ensinamento em sala de aula no contexto brasileiro multicultural e plurirreligioso?" É por isso que é essencial considerar aspectos do desenvolvimento humano para a devida compreensão do conhecimento religioso.

2 Uma visão social do conhecimento religioso

No início de sua história, a visão de mundo do ser humano era uma visão orgânica que compreendia quase que exclusivamente a interdependência entre os fenômenos materiais e transcendentais. A busca do ser humano pelo que o transcende pode levá-lo a compreender os caminhos da história de pequenos e grandes fatos da sociedade e até mesmo de sua própria história.

Para Morin (2000, p. 47), os seres humanos "devem reconhecer-se em sua humanidade comum e ao mesmo tempo reconhecer a diversidade cultural inerente a tudo que é humano. Conhecer o humano é, antes de mais nada, situá-lo no universo, e não o separar dele. O pressuposto é que os estudantes têm o direito de conhecer todas as dimensões da cultura; entre essas, encontra-se a possibilidade de discutir os problemas fundamentais da existência.

Segundo Croatto, "sobre a base da vivência humana, ou melhor, em suas raízes, insere-se a experiência religiosa" (2001, p. 44). Assim, tomando como referência que religião ou religioso são termos que expressam fenômenos, fatos e tradições ligados ao religioso e que não abarcam um único significado, a religião empresta um sentido e constitui para seus fiéis uma fonte real de informações e funciona como um modelo para o mundo, já que para os que acreditam a religião orienta as ações e apresenta explicações para as questões vitais como: De onde vim? Para onde vou? Qual o sentido da existência?

Oliveira (2017) aponta que o aprendizado sobre o conhecimento religioso não se dá de forma rápida. O ER não é isolado do mundo e "não se desvencilha do comprometimento acadêmico da transdisciplinaridade necessária também aos estudos do conhecimento religioso" (OLIVEIRA, 2017, p. 159-160). Também não seria adequado ficar limitado a uma possibilidade única sobre as definições legítimas de religião. Ao pensar sobre uma educação para a cidadania, cujo contexto surge a partir das raízes históricas do ser humano, inclusive as situações de miséria e exclusão de boa parte da população brasileira.

Cidadão era aquele que fazia parte da cidade, tendo direitos e deveres por habitar nela. Entretanto, atualmente esse conceito extrapola os limites locais e ganha uma dimensão global. As diversas áreas do conhecimento podem dar aos estudantes a leitura do contexto em que tais tensões se desenvolvem.

Segundo a BNCC (2017, p. 393),

> O exercício da interpretação também permite compreender o significado histórico de uma cronologia e realizar o exercício da composição de outras ordens cronológicas. Essa prática explicita a dialética da inclusão e da exclusão e dá visibilidade ao seguinte questionamento: "O que torna um determinado evento um marco histórico?" Entre os debates que merecem ser enunciados destacam-se as dicotomias entre Ocidente e Oriente e os modelos baseados na sequência temporal de surgimento, auge e declínio. Ambos pretendem dar conta de explicações para questões históricas complexas. *De um lado, a longa existência de tensões (sociais, culturais, religiosas, políticas e econômicas) entre sociedades ocidentais e orientais*; de outro, a busca pela compreensão dos modos de organização das várias sociedades que se sucederam ao longo da história (Grifo da autora).

O olhar do conhecimento religioso pode contribuir para a superação de uma realidade segmentada, "pois faz parte da vida humana e mostra-se como um dado desde que nossa consciência emergiu como distintivo da espécie *homo* na longa escalada da hominização" (PASSOS, 2011, p. 70).

E com a compreensão dos modos de organização das várias sociedades depreende-se a constituição de conhecimentos religiosos e sua contextualização espacial e temporal. No espaço escolar, a formação do indivíduo, enquanto cidadão, ultrapassa as expectativas do professor/a, de forma que o/a estudante assuma suas atitudes cotidianas, que vão além dos direitos e deveres, em prol dos interesses sociais.

Ao considerar o objeto de estudo do ER proposto pela BNCC é preciso considerar também a ampliação dos recursos didáticos com base em abordagens artísticas das expressões religiosas como música, dança, pintura, escultura, teatro, literatura, cinema, fotografia e arte digital. Também é possível refletir "sobre os princípios religiosos e as questões sobre as quais se debruçam os direitos humanos, como as relaçoes étnicas, de gênero, das mulheres, das crianças, dos idosos e da vida no campo, dentre outras" (KLUCK, 2017, p. 142).

Em meio a conteúdos formais, o espaço escolar pode ser um espaço de superação de preconceito e de um processo de ensino e aprendizagem homogeneizado. A diversidade humana está posta desde os primórdios da humanidade, mas somente a partir do final do século XX é que a sociedade se dá conta desta especificidade. Como espaço de desenvolvimento de um sistema de ensino interconectado com os problemas da sociedade atual desenvolve, ou deveria desenvolver, a valorização de diferentes grupos sociais, políticos, econômicos, étnicos e religiosos, possibilitando a reflexão de questões que contemplem as diferenças; ou seja, a diversidade na e da sociedade que compõe o espaço escolar.

As culturas sao produzidas pelos grupos sociais ao longo das suas histórias, na construção de suas formas de subsistência, na organização da vida social e política, nas suas relações com o meio e com outros grupos e na produção de conhecimentos, entre outros fatores. A diferença entre culturas é fruto da singularidade desses processos em cada grupo social.

Valorizar todo o conhecimento que os diferentes grupos trazem para a sala de aula enriquece muito mais o ensino e a aprendizagem e colabora para o desenvolvimento de cidadãos com postura crítica diante dos problemas sociais e engajamento nas possíveis resoluções.

3 Uma visão antropológica do conhecimento religioso

Considerar o aspecto instintivo do ser humano para com a religião é considerar as manifestações observadas por meio dos tempos, em todas as diversas culturas. Para a compreensão de uma sociedade, segundo Benedict (2013, p. 42), é preciso entender as "principais motivações emocionais e intelectuais dessa sociedade". Para a autora, "as culturas são mais do que a soma dos traços que as compõem", pois, apesar de saber tudo sobre um determinado processo, pode-se não compreender nada do contexto no qual esse processo está inserido. É possível, segundo a autora, "saber tudo sobre a distribuição da forma de casamento, das danças rituais e da iniciação de puberdade numa tribo, mas mesmo assim não compreender nada da cultura como um todo que se valeu desses elementos para seu propósito" (BENEDICT, 2013, p. 42). O dinamismo da cultura leva à consideração de que o comportamento coletivo é também o comportamento de indivíduos. Para Benedict (2013, p. 171), "na realidade, a sociedade e o indivíduo não são antagonistas. A cultura fornece a matéria-prima com a qual o indivíduo faz a sua vida".

Ao longo do tempo, cada civilização buscou estabelecer sua identidade por meio de um conjunto de valores e de comportamentos que as diferenciasse dos demais, tanto no patrimônio material, expressando-se nas vestimentas, nas obras de arte, na arquitetura, quanto no patrimônio imaterial, por meio da culinária, da religião, das lendas e mitos, do artesanato e da conduta do indivíduo em sociedade. Essa materialização forma o patrimônio de uma comunidade e, efetivamente, é o conjunto de bens que uma pessoa ou uma entidade possui. Ou seja, tudo aquilo que constitui um bem apropriado pelo ser humano, com suas características únicas e particulares, pode ser considerado patrimônio de uma comunidade.

Assim, a cultura pode ser vista em duas dimensões: uma fenomenológica, isto é, o que se percebe, porque se vê e pode ser descrito na análise dos diversos grupos humanos; e outra, antropológica, isto é, a dimensão em profundidade dos diversos povos, com as suas crenças, os valores, os sentidos presentes, conscientemente ou não, e nos padrões de vida adotados.

A cultura possui, assim, diversos sensos e nenhum grupo humano pode prescindir dessas dimensões. Mas não se pode afirmar que seja igual para todos. Como herdeiro de um longo processo acumulativo, o ser humano resulta do meio cultural em que foi socializado e reflete o conhecimento e a experiência adquiridos pelas numerosas gerações que o antecederam, segundo Laraia (2015, p. 45). Algumas vezes de modo consciente, mas em geral inconscientemente, os diversos grupos humanos vão estruturando sua maneira de viver, de comer, de plantar e colher, de se vestir, de morar, de cantar, de dançar, de rezar, de constituir família, de se governar, de passar tempo, de estudar, e assim por diante. Essas ações são o resultado de todo esse processo.

O ser humano vê o mundo pela ótica de sua cultura e, consequentemente, tende a considerar tal visão como a mais correta e a mais natural. Essa tendência é considerada por Laraia (2015) como responsável por inúmeros conflitos sociais, pois um comportamento etnocêntrico pode resultar, segundo o autor, em apreciações negativas. "Práticas de outros sistemas culturais são catalogadas como absurdas, deprimentes e imorais" (LARAIA, 2015, p. 74).

> A dicotomia "nós e os outros" expressa em níveis diferentes essa tendência. Dentro de uma mesma sociedade, a divisão ocorre sob a forma de parentes e não parentes. Os primeiros são melhores por definição e recebem um tratamento diferenciado. A projeção dessa dicotomia para o plano extragrupal resulta

nas manifestações nacionalistas ou formas mais extremadas de xenofobia (LARAIA, 2015, p. 73).

E como uma das atividades que possibilita ao ser humano conhecer-se, construir e significar suas experiências, a religiosidade enquanto experiência é objeto de investigação científica, pois a experiência humana pode ser investigada (BENKÖ, 1981, p. 14). Para o convívio pacífico, tolerante e respeitoso, numa sociedade democrática e igual para todos é imprescindível e necessária a leitura da diversidade cultural e religiosa para a superação da exclusão e o convívio harmonioso com o diferente.

Educar para a diversidade cultural e religiosa é compreender as culturas e religiões que lhes dão forma. É a possibilidade de analisar a relação entre presente e passado para produzir um saber histórico. É o exercício do diálogo com o diferente, com base no respeito profundo e no desejo de preservar a dignidade e direito de existência de cada manifestação cultural-religiosa.

E o Outro se apresenta nesse cotidiano. A falta de respeito com o Outro torna a convivência impossível, ou no mínimo transforma-se em um tipo de convivência violenta e não democrática. Procurar o diálogo é um passo importante para viabilizar a convivência em geral e, em particular, bem como a resolução de conflitos.

4 Conhecimento religioso e psicologia da aprendizagem

Um dos grandes desafios contemporâneos é saber ler bem num mundo em que se está imerso, é saber escolher e tratar informações; é transformar informações em "conhecimento pertinente", ou seja, aquele "capaz de situar qualquer informação em seu contexto", como indica Morin (2000, p. 15). Para conhecer, segundo Morin, é preciso selecionar informações e eleger algumas como mais importantes, articulá-las entre si, imputar significados a elas.

Cotidianamente o ser humano se defronta com situações da realidade que são verdadeiros desafios, situações-limite como a morte, a doença, o heroísmo, o amor, o nascimento, grandes escolhas e questões ligadas à origem e ao destino. Nesse campo da consciência, no qual o imaginário é ponto de tensão entre as realidades vividas e o Transcendente, surge o desafio de buscar com maior profundidade o sentido da vida e a experiência com o infinito e com a totalidade.

Para Rodrigues (2017, p. 207), esse cotidiano "está permeado de situações que envolvem desafios cognitivos, sociais e emocionais. Frente a esses desafios são mobilizados saberes que decorrem da aprendizagem, um processo significativo e complexo que envolve o indivíduo na sua totalidade". E ainda aponta que "a experiência religiosa está, inicialmente, relacionada às experiências religiosas da família, mas a qualidade das relações comunitárias, seja na família ou em outros grupos sociais, proporciona o equilíbrio entre os interesses individuais e os coletivos" (RODRIGUES, 2017, p. 208).

O processo de ensino-aprendizagem depende do desenvolvimento harmonioso de todos os canais de relação do ser humano com o mundo. Ensino e aprendizagem, no sentido holístico, não objetivam apenas capacitar o indivíduo para entender o funcionamento do mundo, mas resolver problemas de ordem prática, posto no cotidiano do existir humano.

É certo que para todo conhecimento é preciso questionar: Por que é preciso aprender isso? Qual é o sentido desse conhecimento? Torna-se de fato necessário entender o processo de aprendizagem. E em relação ao conhecimento religioso há que se redobrar esse cuidado pelos desafios que o/a docente do ER enfrenta. Não é possível com respostas pouco satisfatórias para o(a) estudante "despejar" conteúdos inexpressivos e de certa forma até irrelevantes para o seu contexto.

Para Rodrigues, Junqueira e Martins (2015, p. 73), "uma aprendizagem significativa depende de uma motivação intrínseca, isto é, o(a) estudante precisa tomar para si a necessidade e a vontade de aprender". Pensar o ER num viés significativo é trabalhar de forma transdisciplinar, considerando os estudantes como construtores históricos. É pensar a formação humana, discutindo a diversidade cultural para reler a dinâmica sociorreligiosa.

Solicitar aos estudantes olhar para o seu cotidiano e procurar compreender símbolos, construções que remetam a significados de comunidades religiosas por representarem a história ou espaço desses grupos é uma estratégia para compreender e respeitar essa diversidade. Como ação complexa, "ensinar é trabalhar com seres humanos, sobre seres humanos, para seres humanos" (TARDIF & LESSARD, 2005, p. 31). Nesse contexto, então, propõe-se educar para o "saber olhar", "saber ler" o ser humano em sua diversidade de manifestações.

É dessa maneira que o conhecimento religioso pode ser significativo e pertinente, pois consegue relacionar os conhecimentos adquiridos ao seu contexto individual e comunitário. Assim, além de uma vivência subjetiva, é preciso também compreender a fé como processo relacional com o outro e com as condições e profundezas últimas da existência.

Os conhecimentos produzidos pelas etnias, culturas e religiões podem proporcionar aos estudantes oportunidades de aprendizagem que compreendam os movimentos específicos das diversas culturas, cujo substantivo religioso colabora no aprofundamento para o autêntico cidadão consciente da diversidade cultural e religiosa. Por esse motivo, as diferentes manifestações na dimensão religiosa/espiritual são abordadas visando o entendimento da diversidade religiosa e de sua complexa composição.

Ao abordar as três unidades temáticas (identidades e alteridades; manifestações religiosas; crenças religiosas e filosofias de vida) propostas pela BNCC seria desejável que o/a docente articulasse o conhecimento religioso e os conhecimentos das diversas disciplinas, possibilitando uma visão mais significativa do conhecimento e da vida. Mais do que temas de estudos, a abordagem do conhecimento religioso nas unidades temáticas precisa considerar a intersubjetividade e a dimensão intercultural e transdisciplinar. O processo de ensino e aprendizagem é voltado para o desenvolvimento da capacidade de aprender a aprender e de ler a vida. A interação por meio do diálogo, em um processo dinâmico marcado pelo respeito, leva ao conhecimento produzido por diferentes tradições religiosas.

Os profissionais da Educação que atuam no campo do ER acham-se no meio de duas grandes áreas: a das Ciências da Religião e Teologia e a das Ciências da Educação. Ocupam-se em discutir e estudar a questão do desenvolvimento do fenômeno religioso e do conhecimento religioso, ao mesmo tempo em que lecionam, para crianças e adolescentes, os conhecimentos no campo da Sociologia, Psicologia, Antropologia e outras ciências que analisam o movimento religioso em suas diferentes facetas.

Percebe-se que os temas religiosos podem exercer grande influência no processo de desenvolvimento de cada indivíduo, o que, entre crianças de 4 a 6 anos, manifesta-se numa concepção muito simples de divindade, como de um ser que age e se manifesta de modo mais concreto do que abstrato. Nesse momento, a questão religiosa pode ser importante para a criança em relação ao espaço que ocupa nos ambientes de que participa, sobretudo a família.

Para Cortella (2006, p. 17-18):

> uma criança não compreende a religião, seus dogmas e princípios como Teologia. No entanto, seu sentimento de religiosidade se aproxima ao mágico que tem desde sempre. Um menino com 3 ou 4 anos de idade possui um imaginário magnífico: ele se vê, se pensa, se oferece superpoderes, lança forças de inimigos ou de amigos fantasiosos. A partir de 6 ou 7 anos cria maiores bases de racionalidade e entende mais a relação de causa e efeito do mundo. Ao formar conexões com algumas questões fortes da vida, como: "Por que isso acontece", "Por que não?" Essas são formas de espiritualidade e questionamentos que, dependendo dos pais e docentes, podem ou não ser dirigidas por um canal positivo.

Entre 7 e 9 anos há maior curiosidade em torno da divindade e sua relação com a vida humana. A concepção de divindade é fortemente interpessoal, dependendo do interesse e da participação dos pais. Entre 10 e 12 anos já se percebe uma concepção mais abstrata e espiritualizada de Deus, em consequência do processo de formação anteriormente realizado.

Na adolescência, período de construção da síntese pessoal e da própria identidade, é muito forte a influência das convenções socialmente estabelecidas. O confronto das elaborações pessoais com o convencional é favorecido nas aulas de Ensino Religioso, por meio de atividades de reflexão, participação, convivência comunitária e parceria na construção coletiva do conhecimento. Assim, os educandos serão conduzidos a uma fé adulta que será, progressivamente, reflexiva, conjuntiva e universalizada.

Considerações

As ponderações aqui apresentadas conduzem a refletir sobre o saber, compreendido como um conjunto de conhecimentos metodologicamente adquiridos, sistematizados e transmitidos por um processo pedagógico de ensino e organizado em um currículo. Lembrando que a BNCC não é currículo, mas uma proposta para o desenvolvimento de competências. Por isso é importante enfatizar a fundamentação teórica e metodológica do ER.

Observa-se que as unidades da Federação estão produzindo documentos para orientar o debate sobre currículo e formação do professor, no sentido de definir as aprendizagens essenciais. Também materiais didáticos para o ER considerando a BNCC estarão em circulação. Contudo, independentemente de posicionamentos ou preferências, é preciso considerar a organização da educação escolar e a diversidade cultural e religiosa presente na sociedade brasileira, o que certamente traz novos desafios e olhares para a complexidade desse componente curricular.

Na relação entre competências e conhecimentos há que se considerar que a constituição da maioria das competências objetivadas na educação básica atravessa as tradicionais fronteiras disciplinares e exige um trabalho integrado entre professores das diferentes disciplinas ou áreas afins. Decorre daí a necessidade de repensar a perspectiva metodológica, propiciando situações de aprendizagem focadas em situações-problema ou no desenvolvimento de projetos que possibilitem a interação dos diferentes conhecimentos, que podem estar organizados em áreas ou disciplinas, conforme o desenho curricular da escola.

Quando o/a estudante toma parte de forma direta na construção do conhecimento que adquire e as propostas de ensino estão integradas levando em consideração as experiências vividas, relacionadas à realidade de forma que não se apresentem como matérias de um currículo estanque. Pressupõe-se, assim, que o conhecimento religioso articulado às experiências vividas pelos estudantes pode se constituir em um conhecimento pertinente para compreensão do processo histórico da humanidade.

Referências

BENEDICT, R. *Padrões de cultura*. Petrópolis: Vozes, 2013.

BENKÖ, A. *Psicologia da religião*. São Paulo: Loyola, 1981.

BRASIL/Ministério da Educação. *Base Nacional Comum Curricular*, 2017.

CORTELLA, M.S. "Educação, Ensino Religioso e formação docente". In: SENA, L. (org.). *Ensino Religioso e formação docente* – Ciências da Religião e Ensino Religioso em diálogo. São Paulo: Paulinas, 2006.

CROATTO, J.S. *As linguagens da experiência religiosa*: uma introdução à fenomenologia da religião. São Paulo: Paulinas, 2001.

KLUCK, C.R. "Livro didático e Ensino Religioso". In: JUNQUEIRA, S.R.A.; BRANDENBURG, L. & KLEIN, R. *Compêndio do Ensino Religioso*. São Leopoldo/Petrópolis: Sinodal/Vozes, 2017, p. 260-267.

LARAIA, R.B. *Cultura*: um conceito antropológico. 14. ed., 27. reimpr. Rio de Janeiro: Zahar, 2015.

MORIN, E. *Os sete saberes necessários à educação do futuro*. São Paulo: Cortez, 2000.

OLIVEIRA, E.T. "Conhecimento religioso". In: JUNQUEIRA, S.R.A.; BRANDENBURG, L. & KLEIN, R. *Compêndio do Ensino Religioso*. São Leopoldo/Petrópolis: Sinodal/ Vozes, 2017.

PASSOS, J.D. *Teologia e outros saberes* – Uma introdução ao pensamento teológico. 2. ed. São Paulo: Paulinas, 2011.

RODRIGUES, E.M.F. & JUNQUEIRA, S.R.A. *Fundamentando pedagogicamente o Ensino Religioso*. Curitiba: Ibpex, 2009.

RODRIGUES, E.M.F.; JUNQUEIRA, S.R.A. & MARTINS FILHO, L.J. "Desenvolvimento Religioso". In: JUNQUEIRA, S.R.A.;

BRANDENBURG, L. & KLEIN, R. *Compêndio do Ensino Religioso.* São Leopoldo/Petrópolis: Sinodal/Vozes, 2017, p. 207ss.

______. *Perspectivas pedagógicas do Ensino Religioso* – Formação inicial para um profissional do Ensino Religioso. Florianópolis: Insular. 2015.

SANTOS, R.O. "Movimento institucional das pessoas favoráveis e contrárias ao Ensino Religioso". In: JUNQUEIRA, S.R.A.; BRANDENBURG, L. & KLEIN, R. *Compêndio do Ensino Religioso.* São Leopoldo/Petrópolis: Sinodal/Vozes, 2017, p. 50-61.

SENRA, F. "Apresentação". In: JUNQUEIRA, S.R.A.; GABRIEL JÚNIOR, R.F.; KLUCK, C.R. & RODRIGUES, E.M.F. *Socialização do saber e produção científica do Ensino Religioso* [recurso eletrônico]. Porto Alegre: Fi, 2017.

TARDIF, M. & LESSARD, C. *O trabalho docente* – Elementos para uma teoria da docência como profissão de interações humanas. Petrópolis: Vozes, 2005.

Sugestão de textos/material acessíveis online

Com o objetivo de manter o debate aberto, apresentam-se artigos favoráveis e contrários à presença do Ensino Religioso na Educação.

1) CUNHA, L.A. "A entronização do Ensino Religioso na Base Nacional Comum Curricular". In: *Educ. Soc.*, vol. 37, n. 134, jan.-mar./2016, p. 266-284. Campinas [Disponível em http://www.scielo.br/pdf/es/v37n134/1678-4626-es-37-134-00266.pdf].

2) SILVA, J.C. "O currículo e o Ensino Religioso na BNCC: reflexões e perspectivas". In: *Revista Pedagógica*, vol. 20, n. 44, mai.-ago./2018 [Disponível em https://bell.unochapeco.edu.br/revistas/index.php/pedagogica/article/viewFile/4441/2514].

3) RODRIGUES, E.M.F. "O Ensino Religioso e a diversidade cultural: o sagrado na sala de aula". In: *Rev. Educ.*, ano 42, n. 158, jan.-jun./2019, p. 45-65. Brasília [Disponível em http://revistas.anec.org.br/index.php/revistaeducacao/issue/view/7].

6

Metodologia e didática em face da BNCC

Claudia Regina Kluck
Doutora em Teologia e Sociedade pela Pontifícia Universidade Católica do Paraná
Professora – Educação básica e educação a distância (professores)

A diversidade é marca inegável da identidade e cultura brasileiras e as orientações a respeito da diversidade são garantidas na Constituição Federal (BRASIL, 1988). Na Educação há inúmeros documentos, pareceres, LDB (BRASIL, 1996) e a BNCC, orientando que no Ensino Religioso sejam tratados o "conhecimento religioso e o reconhecimento da diversidade religiosa no âmbito dos currículos escolares" (BRASIL, 2017, 433). É inquestionável a diversidade religiosa no dia a dia das escolas, e se objetiva que a alteridade promova um modo de vida respeitoso em meio às diferenças, tarefa do Ensino Religioso e de outras disciplinas escolares.

Não obstante as tensões entre grupos a favor e contrários à formulação da BNCC, é revelada a busca pelo conhecimento em face da interculturalidade brasileira, pensando a Educação como ato que inclui e considera a diversidade, tão presente e concreta entre pessoas que a escola reúne.

Neste documento são definidas competências a serem desenvolvidas na educação básica, sendo o Ensino Religioso área de conhecimento e disciplina no Ensino Fundamental. A base orienta que no Ensino Fundamental seja assegurada uma aprendizagem contínua e preceitua um percurso de aprendizagens de forma que se evitem rupturas nos processos, com conhecimentos de aprofundamento e ampliação paulatina. Também indica o fortalecimento da autonomia e protagonismo dos estudantes, de modo que haja acesso e a interação crítica com os conhecimentos e as fontes de informação. Destaca ainda a inserção de novas tecnologias e a busca de novas metodologias de ensino e avaliação demandam atenção do docente, para ampliar as estratégias e possibilidades na escola. Isso significa que definitivamente o docente deixa a posição de detentor e transmissor do conhecimento. Ao assumir a postura de mediador, possibilita e potencializa a construção do conhecimento pelo mediado, estando intencionalmente entre o objeto do conhecimento e o indivíduo que será estimulado, tutelado e impelido na construção da própria aprendizagem (MEIER & GARCIA, 2003, p. 72).

As orientações buscam promover a interlocução entre diferentes perspectivas e ideias, exercitar o respeito à liberdade de concepções e o pluralismo de ideias, de forma dialógica, estabelecendo competências e habilidades para cada componente curricular. São dez as competências gerais do documento e no Ensino Fundamental cada área/componente curricular tem competências específicas, unidades essenciais, objetos de conhecimento e habilidades a serem desenvolvidas. Cada componente é organizado em unidades temáticas, correlacionadas a objetivos e habilidades.

Resumidamente, as competências gerais da BNCC buscam a valorização do conhecimento e sua utilização para impactar positivamente o mundo físico, social, cultural e digital, a fim de explicar e fazer entender a realidade. Em atenção a isso destaca-se a orientação para a continuidade no processo de aprender, com o propósito de colaborar positivamente com a sociedade, incluindo o desenvolvimento do pensamento científico crítico e criativo; o conhecimento, criação, ampliação e fruição do repertório cultural; a utilização de diferentes linguagens para informar, estando incluídas as tecnologias digitais, de forma crítica, responsável e positiva.

A maior inserção de tecnologia e mídias digitais indica a necessidade de competências aprimoradas ao seu uso – tanto para docentes quanto para estudantes. O uso destas deve ser estimulado de forma crítica, significativa, reflexiva e ética, para fins de comunicação, acesso e disseminação de informações, produção de conhecimentos e resolução de problemas de forma protagonista e autoral (BNCC, 2017, Competência 5). Existe a necessidade de reflexão sobre as informações/conhecimento acessíveis para todos, muitas vezes disponíveis na palma da mão (literalmente). Nesse cenário a função docente deve se dedicar à construção do senso crítico, à possibilidade de análises e à capacidade de fazer inter-relações; ou seja, a pensar nos dados acessados, com a criação de filtros da reflexão. Testemunha-se um cenário de muita informação, pouco conhecimento e nenhuma crítica, e questiona-se como facilitar a construção do conhecimento em geral e do religioso em especial. Assim, empreende-se nesse pequeno roteiro de estudo abordar e estabelecer possibilidades do trato didático e metodológico do ER em face da BNCC.

A BNCC é mais um passo na caminhada histórica da Educação como um todo, e também na disciplina do Ensino Religioso, propondo ir além do estabelecido historicamente; ou seja, suprimir-se definitivamente do ensino de uma religião hegemônica, valorizando as diferentes expressões religiosas.

No Ensino Religioso são previstos desafios para a docência que busquem estimular aprendizagens a respeito da interculturalidade religiosa, a partir da realidade dos estudantes, de forma a tratar do conhecimento da cultura religiosa, ligado ao cotidiano, garantido o direito à liberdade de consciência e crença de cada brasileiro.

O percurso do Ensino Religioso e as escolhas metodológicas acompanharam as mudanças em seus diferentes modelos/fases assumidos, a saber: o catequético, de convergência, existencial, da experiência, antropológico-kerigmático e da cultura religiosa. Esse percurso demonstra as mudanças entre a formação de seguidores e o acesso ao conhecimento acadêmico, no que tange ao fenômeno religioso e à interculturalidade. O desenvolvimento da disciplina, que se iniciou na catequização e formação de asseclas da fé cristã, assumiu diferentes configurações, até ser orientado legalmente para tratar a respeito da pluralidade religiosa.

Independente do modelo em operação (confessionais ou interconfessionais, operacionalizados por escolas privadas ou públicas respectivamente), as configurações históricas da disciplina suscitaram disputas por diferentes grupos que, historicamente, de um lado pressionavam a saída da disciplina dos currículos brasileiros, contrários ao ensino de religião, e os defensores de sua permanência, por interesses diversos, dentre outros a influência social que a Educação exerce.

No Ensino Religioso, área de conhecimento do Ensino Fundamental, a BNCC indica que seja abordada a diversidade de tradições, movimentos religiosos e filosofias de vida, o que inclui ateus, agnósticos, dentre outros – entendendo que o tratamento pedagógico deva contemplar a multiplicidade/diversidade religiosa, de forma ampla e sem juízo de valor, objetivando municiar os estudantes com as seguintes competências:

- Conhecer aspectos estruturantes das religiões, a partir de pressupostos acadêmicos e éticos, de for-

> ma a levá-los a compreender, valorizar e respeitar diferentes expressões de fé em suas experiências, saberes, tempos, espaços e territórios, ampliando a possibilidade de convivência com a diversidade de crenças, pensamentos, convicções, modos de ser e viver.
>
> • Valorizar a vida, reconhecendo e cuidando de si, de todos e de tudo o que está no entorno.
>
> • Analisar as inter-relações entre religiosidade, interculturalidade, política, economia, saúde, ciência, tecnologia e meio ambiente.
>
> • Antecipar-se contrariamente a discursos e práticas de intolerância, discriminação e violência de cunho, a fim de assegurar os direitos humanos, vinculados à cidadania e cultura de paz (BRASIL, 2017, p. 435).

A disciplina é organizada em unidades temáticas que tratam de: a) identidades e alteridades; b) manifestações religiosas; e c) crenças religiosas e filosofias de vida, que são detalhadas em objetos de conhecimento e habilidades a serem desenvolvidas a cada ano, no decorrer do Ensino Fundamental, do 1º ao 9º ano.

A possibilidade de conhecer, compreender, valorizar, analisar, debater e problematizar, as ligadas ao reconhecimento e cuidado de si e de outros, a convivência com a diversidade e ainda a oposição às práticas de intolerância, discriminação e violência conclamam ao trabalho colaborativo. Isso se mostra de tal forma significativo ao priorizar a formação humana, demandando atenção na escola como um todo e no Ensino Religioso em especial. A indicação das metodologias ativas para o desenvolvimento e a construção da aprendizagem se dá em resposta à formação analítica, crítica, reflexiva e significativa, além de ativa e autônoma, que possibilite a atuação intencional dos estudantes. Nela o docente deixa a centralidade da ação promovendo o protagonismo dos estudantes.

Refletir sobre aquilo que é essencial carregar em sua bagagem pessoal é tarefa tão delicada quanto fundamental no Ensino Religioso. Perceber a complexidade dos temas que trata é mister, como, por exemplo, entender a dificuldade em validar academicamente o conhecimento que exala do campo religioso, ou as informações a respeito das religiões, tendo em vista a escassez de fontes oficiais de uma gama de religioes. Além disso, também existe a dificuldade em desenvolver aulas sob uma didática eficiente, entendendo-a a partir da BNCC como a arte de ensinar a refletir e agir de modo consciente, que pode ou não transmitir segurança a sua prática docente. Isso inclui pensar na formação de cada docente, com relação às teorias de desenvolvimento (entender como as pessoas aprendem).

Todas as disciplinas curriculares, inclusive o Ensino Religioso, demandam esforço docente, e além disso é necessário pensar e manter a coerência do fazer didático com a concepção de aprendizagem do seu ambiente de trabalho (escola, colégio ou sistema) e a forma como isso se alinha (ou não) com a BNCC. Esforço e coerência podem ser oportunidades, transpostas por meio da busca pessoal por formação formal e específica (graduações/especializações), tempo de pesquisa (no planejamento das aulas) e aprofundamento na carreira docente em serviço.

O inventário a respeito das informações sobre as religiões, o conhecimento sobre didática e concepções de aprendizagem podem se configurar em aspectos propiciatórios e facilitadores, cujo aprimoramento depende do docente, contudo não exclusivamente, pois a formação em serviço deve ser pensada pelos gestores de escolas e/ou sistemas.

Ainda é necessária, na esfera do subjetivo e pessoal, uma anamnese interna para sondar a rigidez das verdades que carrega a respeito da própria religião, dimensionando a isenção necessária em relação aos dogmas pessoais, a fim de abordar de forma acadêmica os dados culturais de outras religiões, dados a respeito dos quais os estudantes têm o direito ao acesso e a constituir o próprio conhecimento. Assim como as crenças pessoais (com espaço estritamente no campo pessoal) não se imiscuem em outras disciplinas, a isenção é essencial no fazer no Ensino Religioso.

Apesar de o senso comum indicar que a docência está ligada a um "dom" recebido (como que do alto), é incontestável que o exercício alteritário dela depende dos diferentes modos de desenvolvimento profissional (aprimoramento, pesquisa e conhecimento teórico-científico), construído por meio de formação continuada, em serviço, livros, formação complementar de cursos e palestras etc. A docência é desenvolvida de forma intencional, observando técnicas profissionais específicas e utilizando a avaliação da prática, de forma retroalimentadora do processo de construção da aprendizagem, e isso deve ser intensificado com a proposta da Base.

Por conta da construção da BNCC, das especificidades da disciplina e das características especiais desse fazer docente se mostra oportuno explorar elementos da didática, sem desconsiderar outros aspectos que requerem atenção, como por exemplo a formação de professores para a disciplina.

Metodologia e didática do Ensino Religioso são alguns modos pelos quais se arranjam a contribuição docente, que para além do ensino buscam preparar pessoas que exerçam cidadania de forma positiva, em diferentes círculos de convivência (LIBÂNEO, 1998). Isso é especialmente importante no que tange ao diálogo inter-religioso, entendendo-o como uma condicionante para a convivência em prol da paz. Isso demonstra a importância de se pensar no "como fazer". Essa qualificação didática pode mesmo ser um diferencial, em relação ao proposto na BNCC, de forma que o estudante seja seduzido pelo ato aprendente com condições de aprendizagem atrativas. O domínio da didática e de diferentes metodologias, com clareza a respeito dos objetivos específicos, leva à busca de ferramentas diferenciadas, tornando leve um fazer bastante complexo, como é o trato com os conteúdos de diferentes culturas religiosas.

Além disso é necessário refletir no conjunto do aparato escolar, com seus agentes de administração, de gestão, de funções pedagógicas, sua infraestrutura somada aos aspectos biológicos, sociais, culturais e históricos de todas as pessoas da comunidade escolar. Portanto, a didática é formada pelo todo que se agremia em prol do aprender, e vai muito além do que pode ser feito em sala de aula.

Mas vale questionar: Qual ou quais seriam os caminhos possíveis? Indica-se as metodologias ativas a fim de promover o estudante como elemento central do processo, sendo possíveis por diferentes caminhos como o das sequências didáticas, inovações pedagógicas (como a gamificação) e a utilização de recursos midiáticos que engajem estudantes com a própria aprendizagem, em oposição às tradicionais aulas expositivas, monopolizadas pelos docentes, que mantinham os estudantes passivos. O protagonismo estudantil, que pode ser estabelecido por meio de metodologias ativas, vem estimular a desenvolverem sua capacidade de aprendizagem, responsabilizando-se ativamente nisso.

Considerar estudantes protagonistas, em seus contextos reais, remete a sequências didáticas, que se iniciam na proposição do trabalho à turma, em vista do engajamento, seguido do levantamento de conhecimentos prévios, o que delimita o ponto inicial e a referência para a avaliação ao final do percurso. Após a construção do conteúdo/ampliações, há a sistematização (registro), e finalmente a avaliação entre objetivos e avanços a partir dos pontos iniciais (conhecimentos prévios).

As sequências se caracterizam por atividades ordenadas e articuladas, maleáveis ao objetivo proposto, utilizando diferentes estratégias como, por exemplo, a exposição, manipulação, recepção e descoberta dos pontos propostos, a fim de atingir o objetivo. As escolhas em cada etapa são orientadas pelo docente, com sensibilidade à curiosidade e possibilidades dos estudantes, abrindo possibilidades inusitadas.

A ampliação do conhecimento requer que o docente tenha segurança em relação ao conteúdo. As boas fontes a respeito das religiões, a reflexão (e reformulações) a respeito dos (pré-)conceitos e as ampliações do conhecimento podem ser subsidiadas por trechos de filmes, músicas, expressões artísticas e notícias do cotidiano. Essa proximidade com o contexto dos estudantes é essencial.

As inovações pedagógicas são bem-vindas, em especial para uma geração cujo acesso ao novo é ilimitado. A gamificação, por exemplo, deriva do uso de possibilidades do uso dos jogos e suas mecânicas próprias, que devem ser aliadas a conteúdo de qualidade acadêmica.

Docentes relatam dificuldade para desenvolver o conteúdo utilizando jogos, pela falsa crença da necessidade de aparato tecnológico. Contudo, a proposição de jogos de tabuleiro ou de mesa, similares ao ludo ou batalha naval, por exemplo, e para além destes jogos da memória, quebra-cabeças e palavras cruzadas tem o atrativo do registro de pesquisas dos próprios estudantes, que se responsabilizam por desenvolver o jogo, e depois fruir em duplas ou grupos. Para além disso há inúmeros softwares e APPS disponíveis para criação de jogos online, que se configuram em um modo atraente para desenvolver o conhecimento, apesar de demandar computadores e acesso à internet. A utilização de jogos pode engajar, motivar e facilitar o aprendizado – possibilitando a posição de mentor aos que dominam as ferramentas, em relação aos que têm menor domínio, o que pode incluir os próprios professores.

As metodologias ativas de maneira geral partem da realidade e confrontam o saber do senso comum com o conhecimento acadêmico disponível (validado). No caso do ER isso é importantíssimo para que se dê acesso a fontes fidedignas, possibilitando desmistificar muito do que o senso comum prega, em especial com relação a estereotipias e preconceitos religiosos. Outro passo importante é observar o cenário construído entre a realidade e o conhecimento acadêmico e identificar pontos imprescindíveis e problematizações, para as quais se buscarão respostas. Estabelecendo a busca desse modo é possível a construção de hipóteses que resultem em aprofundamentos, ainda que em anos escolares posteriores, o que se testemunha na construção da BNCC.

A proposição de situações-problema, jogos ou desafios busca, além de identificar pontos iniciais, provocar a atenção daqueles que, mesmo detendo conhecimentos rasos, são considerados aptos a responsabilizar-se pela própria aprendizagem. Na utilização das metodologias ativas os caminhos tomados e suas escolhas podem variar entre mapas conceituais, estudos de caso, problematizações (onde a partir do problema ocorre o levantamento de hipóteses e a busca de respostas), aprendizagem por projetos, compartilhamento das descobertas por meio de seminários, murais, panfletos e jornais.

Em geral, os docentes têm consciência de que o ponto de partida é o que o estudante já sabe (AUSUBEL [1918-2008]; PIAGET [1896-1980]), enquanto fundamento para novos conhecimentos. O objetivo é que novos significados se agreguem aos preexistentes e propiciem ou complexem os conhecimentos prévios. Por isso, estabelecer diagnósticos a respeito de cada tema é qualificador para os encontros de aprendizagem (aulas).

A utilização da sondagem deve permitir a concepção de um planejamento orientado por ela. Então, as rodas de conversa no momento da "aula", que via de regra ocorrem em seu início, como previamente planejado, mostram-se pouco ou nada eficientes. As informações poderiam/deveriam ser coletadas ao final de cada encontro a respeito do próximo tema, e as anotações indicariam novas abordagens nos próximos encontros, oportunizando criar novas estruturas mentais. Para isso o docente deve ter a capacidade de se antecipar e somar a isso a destreza de avaliar a própria rota constantemente. A partir daí a pesquisa no interregno de aulas, por docentes e estudantes, pode propiciar a identificação pelos estudantes de suas próprias capacidades e resultar na busca em desmistificar conhecimentos preconceituosos e juízos de valor sobre determinadas formas de crer ou não crer.

Os próximos exemplos ilustram o percurso contínuo que a BNCC propõe nesse esquema de abordagem do conhecimento preliminar e a sua ampliação em fase posterior, e à guisa de exemplo se percebe que o conhecimento construído pelo 1º ano passa a fundamentar novas construções, como é o proposto no 2º ano.

Na BNCC, a unidade temática Identidades e alteridades propõe como objeto de conhecimento para o 1º ano "O eu, o outro e o nós", buscando "desenvolver a habilidade de reconhecer que o seu nome e o das demais pessoas os identificam e os diferenciam" (EF01ER02). No 2º ano, na mesma unidade temática, há a ampliação do objeto do conhecimento para "O eu, a família e o ambiente de convivência", demonstrando intencionalidade no resgate do conhecimento desenvolvido no ano anterior. Nessa segunda etapa busca-se desenvolver as habilidades de "reconhecer os diferentes espaços de convivência" (EF02ER01) e "identificar costumes, crenças e formas diversas de viver em variados ambientes de convivência" (EF02ER02).

No 1º ano há o trabalho para diferenciar a si próprio, até por conta da proximidade da fase egocêntrica da criança aos 7 anos (aproximadamente). Esse saber (diferenciar-se dos outros) é basilar para propor a diferenciação de espaços, costumes, crenças e formas de viver, em princípio ligado ao ambiente de convivência do estudante, que paulatinamente também será ampliado.

Contudo, é possível que haja dúvida com relação a qual conteúdo tratar ao longo de um ano, por conta da amplitude da habilidade que envolve. Ora, o percurso para descoberta e diferenciação entre si e o outro – e o nós enquanto grupo – pode incluir a pesquisa da escolha familiar do nome da criança, seu significado e origem no mundo, e atrelado à religiosidade se há líderes conhecidos com o mesmo nome. Também é possível propor pesquisa com relação ao processo migratório da família, para aquele bairro/cidade, os diferentes tipos de moradia, em consonância com outras disciplinas como Língua Portuguesa, Geografia etc., mantendo em tela "Identificar e acolher as semelhanças e diferenças entre o eu, o outro e o nós" (EF01ER01).

Outro exemplo envolve o 3º e o 4º anos e a unidade temática Manifestações religiosas, que prevê continuidade para o conhecimento envolvendo Práticas Celebrativas e ritos religiosos respectivamente. Enquanto no 3º ano é proposto "identificar e respeitar práticas celebrativas (cerimônias, orações, festividades, peregrinações, entre outras) de diferentes tradições religiosas" (EF03ER03), no 4º ano objetiva-se "identificar ritos e suas funções em diferentes manifestações e tradições religiosas" (EF04ER02), sendo ampliado o conceito de celebrações para ritos, conteúdo/nomenclatura um pouco mais específicos do ER, e além do tratado em tradições religiosas no 3º ano, no 4º ano se consideram manifestações, onde se pode incluir ritos de ateus, agnósticos e outros que formulem opção religiosa diferente da institucionalizada (igrejas, terreiros, templos, mesquitas, sinagogas etc.).

A liberdade de cada sistema para organizar seu currículo deve seguir as orientações da BNCC, articulando princípios, objetivos e/ou conteúdo de forma independente, o que propicia respeitar os caracteres culturais e religiosos peculiares de cada região e/ou sistema. Aqui o objetivo não é elencar um rol de conteúdo, mas chamar atenção para as possibilidades metodológicas de percurso contínuo, que evite rupturas, de forma a aprofundar os conhecimentos e fortalecer a autonomia dos estudantes na sua busca, conforme preceitua a Base. Não obstante as críticas sobre a BNCC, ela se porta como provocativa pela liberdade das unidades temáticas, dos objetos de conhecimento e habilidades, sendo plausível inúmeros arranjos possíveis.

São percebidas organizações curriculares muito diversificadas, como por exemplo que "o Estado do Paraná se preocupou em articular os princípios, o de Sergipe os objetivos e os estados do Ceará e Amapá os eixos" (JUNQUEIRA, 2016, p. 20), outros estados optaram por indicar que cada escola oriente e defina os conteúdos em seus projetos pedagógicos. Mas é relevante que o docente torne a construção do conhecimento apetecível, como a provocar fome (de aprender) no estudante, "porque se ele tiver fome, mesmo que não haja queijo (informação), ele acabará por fazer uma maquineta de roubar queijos" (ALVES, 2004, p. 23).

Um trabalho que dê resposta positiva à Educação dos aspectos da interculturalidade religiosa urge olhar em volta e perceber carências e possibilidades. Em pesquisa recente nos livros didáticos do Ensino Religioso foi percebido que o trabalho com arte carecia de ampliações (KLUCK, 2015), para citar só um aspecto. Na BNCC, explicitamente no 4º ano, é indicado o trabalho com símbolos, ritos e mitos que torne possível identificar "representações religiosas em diferentes expressões artísticas, como pinturas, arquiteturas, esculturas, ícones, símbolos, imagens).

Os saberes que advêm da arte têm construção prazerosa, que tangenciam no campo do religioso. Isso pode ser fomentado desde o 1º ano, como, por exemplo, ao abordar as diferentes formas pelas quais as pessoas manifestam sentimentos, ideias, memórias, gostos e crenças em diferentes espaços (ER01ER06), ao levar a conhecer um vitral, um arranjo de ebó, uma ikebana, ou a tapeçaria persa da cultura islâmica. Valorizar a arte, em diferentes unidades temáticas/objetos do conhecimento ao longo dos anos do EF, é algo que por si só encanta e se revela como uma estratégia para compreender, valorizar e respeitar as manifestações religiosas e filosofias de vida

A diversidade religiosa pode ser tratada sob a lógica de sensibilizar, construir e aprofundar conhecimentos a respeito de diferentes modos de crer em cada aula, iniciando com o que é próximo dos estudantes, a fim de propiciar aprendizagens significativas; nesse sentido, a continuidade e o aprofundamento dos desafios diários.

No que tange às celebrações (objeto de conhecimento) do 3º e do 4º anos é indicado que tratem, os primeiros sobre alimentos sagrados e os segundos a respeito de ancestralidade e tradição oral, enquanto unidades temáticas. É possível vincular a transmissão oral aos momentos de fruição da presença do ente mais velho da comunidade à roda da mesa, apresentando o ato de compartilhar alimentos em introdução ao segundo tema.

Em primeira análise o trabalho que poderia se furtar da continuidade no percurso de aprendizagens pode intencionalmente levar a conhecer os Griots de África, que guardam e transmitem as tradições e a cultura, como, por exemplo, as propriedades das plantas para alimentação ou medicinais, existentes ainda hoje na África Ocidental em Gâmbia, Senegal e povos como os Fula e Woolog.

O tema oportuniza ainda a interculturalidade religiosa, premissa necessária ao tratamento didático no ER, estabelecendo paralelos como, por exemplo, com os repentistas brasileiros, que cantam, contam e recontam a cultura nordestina, e que, de acordo com Câmara Cascudo (pesquisador e folclorista), descendem do canto amebeu, dos pastores da Grécia antiga. "Pronto" (no dizer de alguns povos do Nordeste): estão ligados os conteúdos, e aqueles que tiveram acesso no 3º ano reencontrarão velhos conhecidos na jornada da aprendizagem no 4º ano.

As conexões entre tópicos, temas e itens que se abordam no Ensino Religioso, assim como as diferentes religiões em cada objeto de conhecimento, são ilimitadas e em tudo podem ser ampliadas pelo protagonismo dos estudantes. Lembremos que a pesquisa por meio de sites tornou-se hábito de grande parte dos proprietários de smartphones, estratégia que atende ainda a inserção de tecnologia e mídias digitais.

Tratando a respeito de manifestações, crenças religiosas e filosofias de vida, enquanto tema possível de ampliação paulatina, há as temáticas da fragilidade/finitude da vida. Enquanto no 7º ano é proposto que sejam identificadas práticas de espiritualidade utilizadas pelas pessoas em situações de acidentes, doenças, fenômenos climáticos, no 8º ano que se analisem doutrinas das diferentes tradições religiosas e suas concepções de mundo, vida e morte, e no 9º ano que se identifiquem sentidos do viver e do morrer em diferentes tradições religiosas, através do estudo de mitos fundantes. É possível conectar os temas, com aprofundamento paulatino e crescente, respeitando a pluralidade das formas de crer, e espera-se que o docente evite ruptura no processo de aprendizagem, tornando visível as ligações possíveis.

Nos três casos os objetos de conhecimento místicas e espiritualidades, doutrinas religiosas e vida e morte podem explorar a temática da finitude humana, dando preferência para aquilo que exale do contexto de cada sistema/escola. Propor pesquisas de manchetes de jornais, por exemplo, a respeito de tragédias naturais ou provocadas, cujo trabalho pode ser iniciado com os estudantes do 7º ano, com pesquisa sobre o acidente ocorrido com 33 mineradores chilenos presos por 17 dias em uma mina de exploração de cobre e ouro em 2010. Foram reveladas as práticas espirituais dos mesmos? A religiosidade foi expressada no sentido de consolo após o resgate? São problematizações possíveis que dependem somente de pesquisa inicial do docente, no sentido de promover conhecimento acessível.

Como ampliação, em vista da diversidade religiosa, seria possível pesquisar a respeito dos adolescentes e treinador de futebol que ficaram presos em uma caverna na Tailândia, em 23 de junho de 2018, em relação às conexões, ocorridas com a religião da maioria (no caso budista). Com questionamentos como: De que forma a religião se mostrou para a situação enfrentada? O passo seguinte seria promover pesquisa e apresentação de diferentes características culturais das religiões envolvidas; no caso, o catolicismo romano e o budismo.

Este trabalho seria o ponto inicial que culminaria na exploração da temática da morte, em muitas e diferentes religiões, no 8º e no 9º anos, contando com o protagonismo dos estudantes, na busca e produção de conteúdo imagético: seleção de fotos, produção de vídeos, localização de documentários, só para citar algumas possibilidades. Uma estratégia possível é dividir a turma em continentes e promover pesquisas para encontrar as religiões hegemônicas em determinadas regiões, e o tratamento do tema em cada uma delas. No caso da Tailândia suscitaria perguntas como: Quais são as religiões majoritárias da Ásia, e como as cinco maiores orientam sobre o fim da vida? Também seria possível a formação de equipes, duplas ou trabalho individual, enfocando nos dados do último censo do IBGE, no Brasil, e as religiões presentes na nação, pesquisando sob o mesmo enfoque.

Uma segunda estratégia possível é promover respostas proativas a problemas do cotidiano com os 8ºs. e 9ºs. anos, como refletir sobre as mortes provocadas pelo rompimento de barragens ou pelo suicídio, por exemplo. Também é possível propor um projeto, partindo dos dados a respeito da religiosidade brasileira demonstrada nos dados do IBGE, elencando religiões originárias do Oriente e do Ocidente, sob a forma como as religiões tratam a respeito da morte.

No segundo caso (suicídio) oportunizar espaço para discutir formas de prevenção, e quem sabe as estratégias que as religiões locais oferecem para o enfrentamento da dor, da depressão e do suicídio. No 9º ano especificamente, os sentidos de viver e morrer poderiam ser ampliados e os mitos fundantes apresentados para a escola como um todo. Dessa forma é possível promover "aprendizagens sintonizadas com as necessidades, as possibilidades e os interesses dos estudantes e, também, com os desafios da sociedade contemporânea", conforme preceitua a BNCC (BRASIL, 2017, p. 14).

As metodologias ativas indicam que projetos ou problemas podem ser provocadores de pesquisa, debate e socialização do conhecimento construído, e, também no caso do Ensino Religioso, propiciar em pares ou equipes a interação de forma crítica entre conhecimentos e fontes de informação. Alguém pode questionar como trabalhar utilizando essas metodologias com os estudantes dos anos iniciais. Essa pergunta é recorrente nas salas de aula todos os anos e a resposta é tão animadora quanto desafiadora. Seria possível envolver crianças tão pequenas em questões tão profundas como são as da cultura religiosa? Sim, se forem respeitados os tempos e os modos de cada fase.

Com uma turma do 1º ano é possível trabalhar com o próprio nome para reconhecê-lo em contraste com os demais, promovendo a identificação e diferenciação de si, do outro e do grupo (EF01ER02); por exemplo, com a estratégia já apresentada. Trabalhar na promoção da identidade e alteridade, como é nomeada essa unidade temática, pode partir dos crachás com os nomes das crianças. Crachás com letras suficientemente grandes para que a contagem e a diferenciação de letra inicial e final fossem feitas pelo grupo de crianças, ou ao menos em pares para conversas de formação de opinião. Depois a comparação em grupo, no sistema de roda de conversa, os agrupamentos (conjuntos) pelas letras iniciais/finais, quantificação de letras, para estabelecer nomes maiores e menores. Essas são estratégias auxiliares de alfabetização que podem dar um outro sentido para o trabalho de segundo momento que se estabelecerá através de pesquisa, com os familiares, a respeito do significado do nome, quem escolheu, se houve alguma "celebração" quando a criança recebeu seu nome etc.

Está posto que as abordagens devem acompanhar as fases de desenvolvimento infantil, sem pular ou queimar etapas. É importante pensar que crianças do 1º ano podem abordar essas questões, questionar e chegar a pontos de culminância para produzir registros, que podem ser expressos em pequenas músicas, expressões artísticas, dobraduras etc. Em especial nos anos iniciais, a expressão do conhecimento deve estar ligada tanto quanto possível ao concreto, que exprima e seja possível a criança relatar o que aquilo significa. No caso do planejamento por projetos expresso em um produto, que pode ser um álbum das descobertas. Para ilustrar é possível com uma folha sulfite, tamanho A4 dobrada em 4 partes, cada parte receberia a escrita, desenho ou colagem retratando cada fase da construção do conhecimento. Uma possibilidade para cada uma das partes é, por exemplo, a montagem e colagem 1) do próprio nome, anteriormente recortado pela criança (alfabeto móvel); 2) desenho da família a respeito da configuração familiar e a escolha do nome; 3) autorretrato da criança; e 4) desenho feito pela criança da turma toda, que poderia ter sido fotografado antes.

A ampliação do conhecimento a respeito de identidades e alteridades, já no 2º ano, pode ocorrer com a pesquisa para identificação, com exploração e divulgação dos costumes e formas de viver em variados ambientes de convivência (EF02ER02). Então o trabalho desenvolvido no 1º ano deve ser retomado, com o relato das crianças e suas descobertas a respeito dos diferentes nomes. E estabelecido com elas como pode ser feita a pesquisa. Poderiam ser trazidos trechos de documentários sobre esquimós, aborígenes australianos e crianças dos grandes centros, facilmente localizados nos ambientes de compartilhamento de vídeos. Depois disso, proceder com a pesquisa inicial sobre o que conhecem a respeito das próprias vidas, como desenhar ou recortar revistas com moradias parecidas com as de cada criança. As religiões podem ser enfocadas demonstrando as diferenças entre o modo de viver das crianças. Um dos vídeos que servem bem a esse propósito é "5 efants, 5 religion"[7] (Vimeo), que retrata crianças em cenas cotidianas e religiosas de diferentes lugares e realidades. Essa estratégia vai de encontro a diferentes objetivos propostos na BNCC para o Ensino Religioso.

As descobertas, conclusões e novas perguntas podem ser publicizadas pelos estudantes por diferentes estratégias, como

7. Disponível no YouTube como 5 crianças, 5 religiões, (quase) 5 minutos.

por exemplo seminário entre turmas do mesmo ano, para outras turmas com exposições de produções gráficas em espaços coletivos de uso público dentro ou fora da escola, produção de informação disponibilizada via redes sociais, produzida utilizando-se das mídias digitais: banners, flyer, posts etc. A BNCC ao apresentar competências e habilidades (ou aprendizagens em si) a serem desenvolvidas impõe aos docentes, como mediadores comprometidos, que façam escolhas para além dos conteúdos, e colaborem para uma formação cuja significância dê sentido para a vida.

Com relação ao planejamento docente se tem a convicção que é preciso levar em conta a formação do docente para o Ensino Religioso, contudo, não obstante a fragilidade desta, é possível desenvolver planos de aula que conjuguem autonomia e protagonismo estudantil, não como resposta à Base e sim como forma de se estabelecer uma educação outra, diferente daquela que recebemos: cada um de nós e todos os nossos ascendentes.

É evidente que a formação docente, os planos de aula, a própria didática e a metodologia são essenciais e possibilitam condições para o sucesso da aprendizagem. Entretanto, a reflexão, entendimento e consequentemente domínio a respeito de outros fatores influenciam diretamente na construção do conhecimento, como, por exemplo, o currículo assumido pelo sistema/escola, a avaliação da própria prática pedagógica e também o conhecimento a respeito dos estudantes, entendendo as características, ritmos e formas de aprender de cada turma, levando em conta a singularidade de cada sujeito.

A formação significativa é estabelecida em um ambiente onde o acolhimento e a coerência se tornam diferenciais. É possível observar que professores que acolhem com naturalidade as diferenças em sala, dispensando um tratamento com equidade (enquanto aptidão para refletir e tomar decisões com retidão, imparcialidade, justiça e igualdade) predispõe os estudantes ao acolhimento da diversidade, onde se cultive o respeito, a generosidade, a coerência e a possibilidade de diálogo, promove com relação ao conteúdo da disciplina que a "religião também pode embasar uma identidade psicológica, de maturidade humana e de uma autoconsciência sadia" (KUNG, 2003, p. 206).

As interações em sala (docente-estudante-conhecimento) são tão importantes quanto pensar em materiais, recursos e o tempo disponível/necessário, considerados essenciais para a consecução dos objetivos, e ainda as retomadas do próprio plano/planejamento para adequação. Assumir o desafio da docência no Ensino Religioso é ter clareza quanto aos objetivos e finalidades da disciplina, entendendo-a somente ligada à diversidade religiosa; ou seja, abordar diferentes religiões, apresentando seus dados culturais que influenciam todas as áreas da sociedade. Também é estabelecer a melhor estratégia para cada contexto. Por isso mesmo se assume a importância das mediações, já que influenciam o processo de construção do conhecimento, como, por exemplo, a reflexão e as mudanças da prática pedagógica, que se autoavalia e faz novos os momentos de planejar, caracterizando a dimensão da diversidade religiosa presente na escola e o caráter inter-religioso da disciplina como oportunidade de diálogo e encontro verdadeiramente significativo para formação humana.

Referências

ALVES, R. *O desejo de ensinar e a arte de aprender*. Campinas: Fundação Educar/D. Paschoal, 2004.

JUNQUEIRA, S.R.A. *Materiais didáticos para o componente curricular Ensino Religioso visando a implementação do art. 33 da Lei n. 9.394/1996 revisto na Lei n. 947/1997*. Brasília, 2016 [Disponível em http://portal.mec.gov.br/docman/junho-2016-pdf/44061-produto-1-mate

riais-didaticos-para-componente-curricular-ensino-religioso-pdf/file].

KLUCK, C.R.C.C.O. *O papel dos livros didáticos na construção do Ensino Religioso*. Curitiba: Pontifícia Universidade Católica do Paraná, 2015, 224 f. [Dissertação de mestrado].

KUNG, H. *Projeto de uma ética mundial* – Uma moral ecumênica em vista da sobrevivência humana. São Paulo: Paulinas, 2003.

LIBÂNEO, J.C. *Didática*. São Paulo: Cortez, 1998.

MEIER, M. & GARCIA, S. *Mediação da aprendizagem* – Contribuições de Feuerstein e de Vygotsky. Curitiba: Ed. do autor, 2007.

Sugestões de textos/material acessíveis online

1) VALENTE, G.A. "Laicidade, Ensino Religioso e religiosidade na escola pública brasileira: questionamentos e reflexões". In: *Pro-Posições* [online], vol. 29, n. 1, 2018, p. 107-127 [Disponível em http://dx.doi.org/10.1590/1980-6248-2016-0108].

2) MARTINS, N.F.S. & RODRIGUES, E. *Aspectos teóricos e didáticos da formação do professor de Ensino Religioso*: perspectivas à luz da(s) Ciência(s) da(s) Religião(ões) e da Base Nacional Comum Curricular [Disponível em DOI http://dx.doi.org/10.15603/2176-3828/caminhando.v23n2p137-150].

3) NEVES, S.M. "Ensino Religioso no âmbito da cultura de paz: currículo e diálogo". In: *Totum* – Periódico de cadernos de resumos e anais da Faculdade Unida de Vitória, vol. 4, n. 2, 2017 [Disponível em http://revista.faculdadeunida.com.br/index.php/intotum/article/view/1683].

4) SOUZA, M.E. et al. "Religião, educação e futuro: práticas escolares desafiadas pelo pluralismo, laicidade e intolerância". In: *Sacrilegens*, vol. 15, n. 2, p. 11. Juiz de Fora [Disponível em https://periodicos.ufjf.br/index.php/sacrilegens/article/view/27057].

7

Diversidade religiosa e cultural e a Base Nacional Comum Curricular

Marcos Vinicius de Freitas Reis
Doutor em Sociologia (Ufscar)
Professor – Mestrado/graduação (Unifap)

Introdução

Falar de religião e religiosidade no Brasil é sinônimo de diversidade. As pessoas têm buscado diferentes formatos na relação com o sagrado com o intuito de obter referenciais e fundamentos para suas vidas. O sujeito tem buscado nas mais variadas instituições religiosas respostas para seus anseios particulares, e em algumas situações reproduzido sua identidade religiosa em espaços públicos, a exemplo da política partidária brasileira.

Até meados do século XX, uma das características do cidadão brasileiro era ser católico. A quase totalidade da população brasileira professava a fé católica. A noção de liberdade religiosa, ampliação de novas ofertas religiosas, ou outros formatos de religiosidade, espiritualidade ou filosofias de vida, é algo relativamente recente na história do Brasil. Entendemos que o pluralismo religioso e cultural é um ganho para a democracia brasileira. O indivíduo tem o direito de escolher seguir ou não um credo religioso, a qualquer momento da sua vida; isso é respeitar os direitos individuais. Tal entendimento permite que o Estado se relacione de forma neutra com todas as expressões religiosas.

A partir desta nova configuração do campo religioso do Brasil, deixando de ser país de hegemonia católica, e sim de maioria católica, seguido por outras expressões religiosas, a exemplo dos evangélicos pentecostais, espíritas, religiões de matriz africanas, igreja dos mórmons, adventista, santo daime, ateísmo, gnosis, judaísmo, espiritismo, dentre outras práticas, como vem mostrando as pesquisas do Instituto Brasileiro de Geografia e Estatística (IBGE) nos últimos sensos.

Acreditamos que a identidade do componente curricular Ensino Religioso seja as manifestações religiosas. Não cabe mais às nossas escolas adotarem o dogmatismo ou a catequização nas aulas de Ensino Religioso. O proselitismo religioso é um desserviço para o aprendizado dos alunos no tocante à matéria de religião. A compreensão da pluralidade religiosa do brasileiro é essencial para que o nosso alunado entenda como funciona a atual realidade do Brasil, na conexão com a política econômica, social e cultural.

O presente texto tem por objetivo a reflexão da presença da diversidade cultural e religiosa na proposta do Ensino Religioso da Base Nacional Comum Curricular (BNCC) para o ensino infantil e para os anos iniciais e finais homologada pelo governo federal em 2017. Na primeira seção discutiremos, à luz dos dados do IBGE de 2010, o perfil religioso brasileiro, e na segunda e última seção debateremos a relação da BNCC com o contexto plural religioso.

1 Diversidade religiosa e cultural no Brasil

Ao andar pelas ruas dos centros urbanos e rurais brasileiros visualizamos a presença de denominações de igrejas evangélicas, construção e templos católicos, serviços religiosos ligados ao espiritismo, associações islâmicas, escolas confessionais, obras sociais religiosas, meios de comunicação ligados a instituições religiosas; o número de cantores gospels e católicos tem batido recordes de venda, a procura por livros de autoajuda ou a venda de livros religiosos aumentaram, instituições de saúde sendo geridas por líderes religiosos. O Brasil nunca se deparou com inúmeras iniciativas em seu território ligadas a empreendimentos religiosos. De fato, o Brasil é um país plural no tocante à matéria de religião e cultura (GIUMBELLI, 2008).

Para entendermos o perfil religioso brasileiro faz-se necessário recorrermos aos dados do IBGE de 2010. De acordo com Teixeira (2013), a metodologia utilizada pelo IBGE para identificar as características do campo religioso brasileiro possui alguns problemas, dentre eles: não consegue diagnosticar pessoas com dupla ou tripla pertença religiosa, não são todas as instituições religiosas que estão presentes nas opções da pesquisa, as perguntas são muito objetivas, não consegue identificar a fragmentação de um mesmo grupo religioso (no catolicismo temos carismáticos, tridentinos, teologia da libertação, dentre outros).

Mariano (2013) chama a atenção que os dados do IBGE 2010 são o único instrumento legal que o Brasil possui que aproxima da realidade do perfil religioso do brasileiro. A cada década que passa, o número de pessoas vinculadas à fé católica diminui consideravelmente e há aumento substancial de evangélicos e dos sem religião. A Igreja Católica não detém mais o monopólio religioso. Isto é, o Brasil ainda é a maior instituição religiosa do ponto de vista de adeptos; porém, o contexto plural religioso é uma realidade.

Reis (2016) é categórico ao afirmar que o catolicismo é o doador universal de fiéis para outras repartições religiosas. Boa parte das pessoas que aderem uma nova religião ou religiosidade advém do catolicismo. Isto é um fenômeno que vem ocorrendo de forma acelerada desde o final do século XIX. A laicidade brasileira permitiu o surgimento de novas propostas religiosas, dando outras opções para o cidadão vivenciar suas crenças e práticas religiosas. O campo religioso brasileiro passa a ser competitivo, segundo Mariano (2013).

Há instalado no Brasil "mercado religioso". Para conseguir ter mais adeptos, espaços na política, entrada nos meios de comunicação, maior visibilidade de suas práticas e influência na vida cotidiana do brasileiro as instituições religiosas desenvolvem estratégias de linguagens, atividades proselitistas, com o intuito de atingir tais metas.

De acordo com Mariano (2013, p. 120),

> A rápida redução do peso da hegemonia católica no país decorreu diretamente, mas não exclusivamente, do crescimento acelerado de seus concorrentes religiosos, sobretudo das igrejas pentecostais, e do avanço dos sem religião, grupo heterogêneo composto por agnósticos, ateus e, sobretudo, por indivíduos que passaram a declarar não dispor de filiação religiosa, autoidentificação que, em sua maioria, não significa necessariamente descrença ou indiferentismo religioso. A expansão dos demais grupos religiosos minoritários pesou muito pouco para o declínio do catolicismo. De modo que a desmonopolização e a destradicionalização religiosas estão associadas à pluralização religiosa e à intensificação da concorrência no e por mercado religioso, mas também à crescente opção individual de não filiar-se ou de se afastar de instituições religiosas.

Ainda segundo Reis (2016), o Brasil é um país de pluralismo cristão. Apesar do surgimento e crescimento pequeno de grupos não cristãos, são as instituições cristãs que mantêm a maioria dos brasileiros identificados com suas propostas religiosas: Igreja Católica, Igreja Universal do Reino de Deus, Igreja Assembleia de Deus, Igreja Quadrangular, Igreja Batista, Igreja Presbiteriana, Igreja Metodista, Igreja Bola de Neve, Teologia Inclusiva, Igreja Betel, Igreja Reviver, Igreja Renascer, Igreja Deus é Amor, Congregação Cristã, Espiritismo Kardecista, Igreja de Jesus Cristo dos Últimos Dias (Igreja dos Mórmons), Adventistas, Testemunhas de Jeová, Santo Daime, Racionalismo Cristão, Igreja Ortodoxa, Igrejas evangélicas em células, dentre outras ramificações (SANTOS, 2016).

Na Tabela 1 apresenta-se o desenvolvimento da diversidade religiosa do Brasil entre 1872 a 2010. Percebe-se que, a partir da década de 1970, ocorre uma maior diversificação de filiações religiosas no Brasil:

Tabela 1 Panorama Religioso no Brasil (1872-2010)

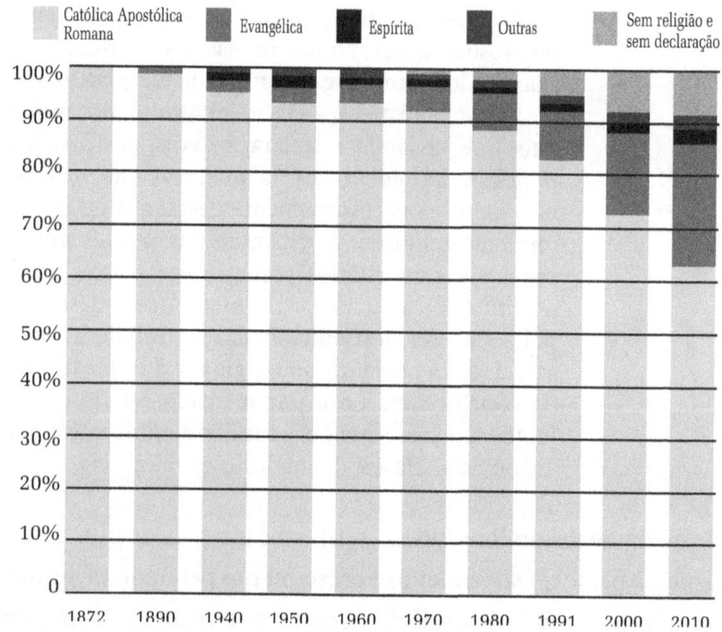

Fonte: Directoria Geral de Estatística, Recenseamento do Brasil 1872/1890, e IBGE, Censo Demográfico 1940/1991.

Considerando os dados do IBGE em 2010 entre os anos de 2000 e 2010, a Igreja Católica seguiu perdendo fiéis como falamos anteriormente. Os católicos caíram de 73,8% em 2000 para 64,6% em 2010. A ramificação evangélica é o setor que mais cresceu no mesmo período, de 15,4% para 22,2%; um aumento de 6,8 pontos. Esse crescimento foi impulsionado pelos pentecostais e neopentecostais, a exemplo da Igreja Assembleia de Deus e Igreja Universal do Reino de Deus. Outro grupo importante são os *sem religião*. Até a década de 1980 eram pouco representados.

A partir de 2000 foram identificados 7,3% da população e, em 2010, chegou a 8%. Os sem religião não necessariamente são ateus ou agnósticos. Este grupo representa aqueles indivíduos que não possuem uma filiação institucional religiosa. São indivíduos que podem ter práticas e crenças religiosas vivenciadas nas suas vidas particulares sem o vínculo com alguma igreja ou denominação religiosa.

Os dados do Censo de 2010 apontam também um aumento do número de espíritas kardecistas, que chegavam a 2% da população. No censo de 2000 era de 1,3%. O crescimento deu-se em função da divulgação da doutrina espírita nos meios de comunicação, publicação de livros espíritas feito pelo mercado editorial de grandes editoras, campanha de sensibilização dos filiados à Federação Espírita do Brasil (FEB) para que seus seguidores respondam ao Censo com sua identificação ao espiritismo e não a outro credo religioso. O aumento pode também estar vinculado à divulgação de cirurgias espirituais, possessões, cartas psicografadas, aconselhamentos e dentre outras razões.

As religiões afro-brasileiras estagnaram no eixo de 0,3% no Censo de 2010. Pode-se perceber que, de 2000 (107 mil pessoas) para 2010 (180 mil pessoas). O crescimento foi baixo. De acordo com Mariano (2013) este número é bem maior. Muitos não assumem a vinculação com práticas religiosas africanas por preconceito.

Na tabela abaixo, mostramos o empenho das religiões entre os anos 2000 e 2010:

Tabela 2 – Classificação percentual dos grupos religiosos e comparação com o Censo 2000

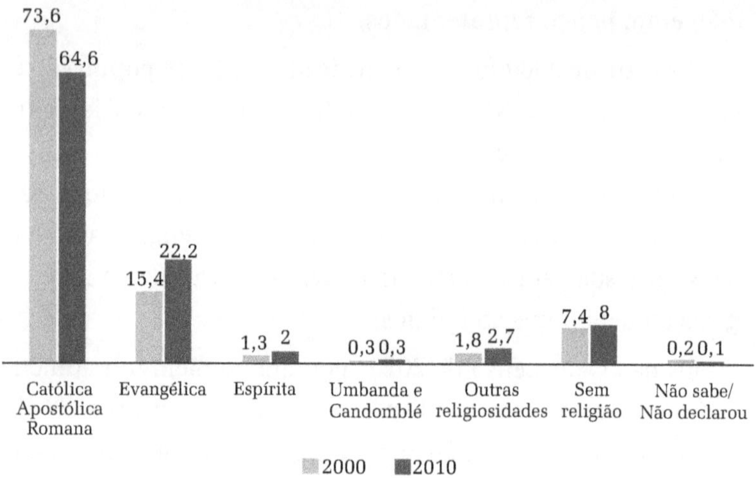

Fonte: IBGE. Censo Demográfico 2000/2010.

Diante da realidade complexa e fragmentada da identidade da religião do brasileiro faz-se necessário que o Ensino Religioso dialogue com a realidade plural. As aulas de Ensino Religioso precisam ser um espaço para que o aluno consiga compreender o dinamismo do campo religioso brasileiro. Entender que a sociedade brasileira é plural no tocante ao exercício da religião, religiosidade ou espiritualidade ou filosofias de vida, ou mesmo não acreditando no sagrado. O respeito à laicidade no contexto da democracia é fundamental para que o pluralismo religioso exista de forma saudável. A escola precisa promover ações pedagógicas que reflitam com a comunidade escolar a necessidade de evitar intolerância religiosa e racismo religioso.

As aulas de Ensino Religioso são mais um momento para que o nosso aluno entenda o funcionamento da cultura na qual ele está imerso. Identificar como significativos símbolos religiosos influenciam no cotidiano da sociedade brasileira, a exemplo da formação de bancadas religiosas nos poderes legislativo e executivo, a relação entre religião e cultura, religião e meios de comunicação, religião e economia, religião e arte, perceber como funcionam as manifestações religiosas (Círio de Nazaré). No contexto amazônico, analisar a pajelança, xamanismo, tambor de mina, as expressões afro-ameríndias. No Sul e Sudeste o crescimento de grupos religiosos conservadores, no Nordeste a presença de segmentos vinculados à teologia da libertação, dentre outras realidades. No Centro-Oeste com o crescimento de grupos evangélicos.

2 Diversidade religiosa e cultural no contexto da BNCC

É relativamente recente este debate da necessidade do Ensino Religioso pautado pelos valores da diversidade religiosa e cultural. Junqueira (2008) chama a atenção que o Ensino Religioso brasileiro foi dominado pela Igreja Católica ao longo da história do Brasil. Desde a conquista do Brasil feita pelos portugueses, a aliança com o catolicismo foi fundamental para o sucesso do processo de colonização. Os valores judaico-cristãos foram escolhidos como essenciais na formação da identidade do brasileiro.

No tocante ao ensino escolar público havia entendimento de que as aulas do ensino católico deveriam compor o *curriculum* das escolas. A presença da religiosidade católica na formação do aluno, por meio de orações, leitura da Bíblia, comemoração de festas religiosas, evitar a presença de símbolos religiosos e morais católicos eram alguns dos deveres da escola. As aulas de Ensino Religioso se desenvolviam nessa linha de pensamento (JUNQUEIRA, 2008).

Como vimos na seção anterior, a partir da metade do século XX, o Brasil torna-se país de pluralismo religioso (MARIANO, 2013). Os evangélicos são o grupo que mais cresce no país. Segundo Freston (1993), com a redemocratização, os pentecostais e neopentecostais elegem deputados estaduais e deputados federais para o Congresso Nacional para que pautas conservadoras sejam aprovadas e combater os privilégios que a Igreja Católica possui no Brasil.

Seguindo a linha de pensamento, Reis (2016) argumenta que setores reacionários da Igreja Católica, a exemplo da Renovação Carismática Católica (RCC), elegem representantes para cargos legislativos e executivos, que depois de eleitos unem-se a parlamentares evangélicos para aprovarem projetos de lei ligados aos valores religiosos, ou combater temas teoricamente ligados ao campo "das esquerdas", a exemplo da descriminalização da maconha, liberação do aborto, casamento homoafetivo, concessão de rádio e televisão a grupos religiosos, concessão do título de utilidade pública a obras sociais ligadas a instituições religiosas, combate à "ideologia de gênero" e demonização a partidos de esquerda que teoricamente são próximos do comunismo.

De acordo com Reis,

> Além disso, estudaram-se os projetos de lei dos deputados. Foram analisados mais de mil projetos de lei, para saber até que ponto estes buscavam benefícios para setores dos carismáticos católicos, e para a Igreja Católica como um todo. Descobriu-se que houve projetos destinados a buscar investimentos públicos para obras sociais de instituições católicas,

> concessão de rádio e TV, obtenção do título de utilidade pública para empreendimentos católico-carismáticos e outras pastorais católicas, incentivo ao turismo católico, defesa do Ensino Religioso confessional, criação de novos feriados católicos e projetos contrários ao aborto e à legalização das drogas, dentre outros interesses (REIS, 2016, p. 17).

O Ensino Religioso é pautado por esses parlamentares evangélicos e católicos. Defendem Ensino Religioso confessional nas escolas públicas e privadas do Brasil. Acreditam que a escola brasileira precisa funcionar a partir da lógica judaico-cristã. Não aceitam Ensino Religioso plural e diverso. O reforço do pensamento teológico é essencial para a formação humanística do/a aluno/a. Isto é, entendem que os valores cristãos são os únicos corretos, e que tudo o que é diferente à religião cristã católica ou evangélica é entendido como anormal, patológico, errado e demoníaco (SANTOS, 2016). Pensamento fundamentado na intolerância e racismo religioso.

A escola é entendida como extensão das atividades desenvolvidas na Igreja. O professor de Ensino Religioso precisa estar afinado com a proposta religiosa ensinada. A promoção de práticas proselitistas, catequéticas, evitar trabalhar aspectos da Lei 10.639, ou outras atividades que abordem a presença de valores não ligados ao cristianismo, é muito bem-aceito (ALBUQUERQUE & REIS, 2016).

Tal realidade é muito comum nas escolas públicas brasileiras. A identidade religiosa é a referência para pensar as práticas pedagógicas do Ensino Religioso. Isso acontece pela falta de resoluções, legislações, posicionamentos dos sistemas de ensino municipais e estaduais que cuidam do Ensino Religioso para defender os valores da laicidade e da diversidade religiosa (CUSTÓDIO & REIS, 2017).

A proposta do Ensino Religioso defendida pela Base Nacional Comum Curricular é diferente do modelo confessional que atualmente ocorre em vários locais do Brasil. Fundamentada nos pressupostos teóricos e metodológicos da Ciência da Religião, a BNCC a elege como referência para a formação do professor de Ensino Religioso.

O objeto de estudo do Ensino Religioso não são aspectos teológicos, e sim aspectos do fenômeno religioso. O estudo da manifestação religiosa em sala de aula deve estar vinculado à defesa dos direitos humanos, combate a qualquer formato de intolerância religiosa e o racismo religioso, defesa da laicidade e do pluralismo religioso. Por isso, as unidades temáticas adotadas na BNCC são: identidades e alteridades, manifestações religiosas, crenças religiosas e filosofias de vida, mitos e narrativas religiosas. O objetivo é desenvolver transposição de conhecimento para que o aluno entenda as mudanças do campo religioso brasileiro a partir de sua realidade.

De acordo com a própria BNCC,

> A Constituição Federal de 1988 (art. 210) e a LDB n. 9.394/1996 (art. 33, alterado pela Lei n. 9.475/1997) estabeleceram os princípios e os fundamentos que devem alicerçar epistemologias e pedagogias do Ensino Religioso, cuja função educacional, enquanto parte integrante da formação básica do cidadão, é assegurar o respeito à diversidade cultural religiosa, sem proselitismos. Mais tarde, a Resolução CNE/CEB n. 04/2010 e a Resolução CNE/CEB n. 07/2010 reconheceram o Ensino Religioso como uma das cinco áreas de conhecimento do Ensino Fundamental de nove. Estabelecido como componente curricular de oferta obrigatória nas escolas públicas de Ensino Fundamental, com matrícula facultativa, em diferentes regiões do país, foram elaboradas propostas curriculares, cursos de formação inicial e continuada e materiais didático-pedagógicos que contribuíram

> para a construção da área do Ensino Religioso, cujas natureza e finalidades pedagógicas são distintas da confessionalidade (BNCC, 2017, p. 435).

Um dos aspectos importantes trazidos pela BNCC é o respeito pela identidade religiosa e cultural do "outro". Reconhecer que a identidade religiosa não é única, fixa ou imutável é essencial para o convívio com o diferente. Aceitar a diversidade é compreender que as identidades religiosas são construídas e reconstruídas de acordo com a dinâmica do processo histórico. Ou seja, é natural que em cada realidade o fenômeno religioso seja vivido de uma forma. O entendimento da religiosidade do outro é essencial para o sucesso pedagógico proposto pela BNCC.

Assumir a pluralidade religiosa e cultural na sociedade é romper com qualquer iniciativa de defesa da universalização e a padronização a partir de um único universo religioso. Qualquer forma de hierarquização entre as religiões ou filosofias de vida ou para com as religiosidades pode colocar em xeque a laicidade e inclusive o funcionamento da democracia.

A BNCC orienta que o professor de Ensino Religioso, por meio de suas atividades de ensino, pesquisa e extensão no contexto escolar combata qualquer forma de exclusão que possa ocorrer a partir da religião no tocante à questão de gênero, raça, cor, sexualidade, geografia, renda, classe, dentre outros atributos.

Defender o outro como igual é um valor da sua prática pedagógica. Segundo a BNCC,

> O ser humano se constrói a partir de um conjunto de relações tecidas em determinado contexto histórico-social, em um movimento ininterrupto de apropriação e produção cultural. Nesse processo, o sujeito se constitui enquanto ser de imanência (dimensão concreta, biológica) e de transcendência (dimensão subjetiva, simbólica). Ambas as dimensões possibilitam que os humanos se relacionem entre si, com a na-

> tureza e com a(s) divindade(s), percebendo-se como iguais e diferentes. A percepção das diferenças (alteridades) possibilita a distinção entre o "eu" e o "outro", "nós" e "eles", cujas relações dialógicas são mediadas por referenciais simbólicos (representações, saberes, crenças, convicções, valores) necessários à construção das identidades (BNCC, 2017, p. 438).

Para efetivação destas orientações da BNCC, o cientista da religião precisa ter condições de trabalho nas escolas. Faz-se necessária a ampliação da carga horária na mesma turma, a confecção de material didático, melhor remuneração, compra de material de consumo, elaboração de formação continuada e formação inicial para esse profissional, bem como a reformulação dos projetos político-pedagógicos das escolas que compreendam o fenômeno religioso como eixo transversal a partir da diversidade cultural e religiosa.

Também é necessário haver sintonia com a direção escolar, professores, pais e corpo técnico administrativo em torno da proposta da BNCC. Certamente ocorrerá conflitos com pais de alunos muito religiosos que não entenderam a proposta pedagógica. Por isso, instrumentos bem definidos na defesa do ensino plural é essencial, bem como a sintonia com as Secretarias de Educação, os Conselhos de Educação e o Ministério Público podem ajudar.

Considerações finais

A Base Nacional Comum Curricular homologada pelo Conselho Nacional de Educação em 2017 trouxe-se avanços no tocante ao Ensino Religioso. Pela primeira vez na esfera da União temos diretrizes de como trabalhar, nas aulas de Ensino Religioso, as habilidades e as competências vinculadas aos pressupostos teóricos e metodológicos da Ciência da Religião.

A escolha da Ciência da Religião como ciência de referência para o Ensino Religioso nos traz a compreensão de que o ensino da religião precisa ser voltado para o respeito à diversidade religiosa e cultural do Brasil. Não cabem aulas inspiradas em métodos proselitistas de supremacia de uma instituição religiosa em detrimento de outra. As nossas escolas não podem aceitar que a laicidade seja substituída por promoção de experiências religiosas fundamentalistas.

O cientista da religião é essencial na manutenção da laicidade nas escolas. Cabe a esse profissional mediar conflitos em torno da questão da presença da religião e da religiosidade na escola. A BNCC oferece orientações pedagógicas para que a presença da religião ou religiosidade na escola promova a inclusão, o respeito às diferenças e a defesa dos direitos humanos. É inadmissível nas aulas de Ensino Religioso que o docente seja cúmplice de qualquer manifestação que propague o preconceito de raça, cor, gênero, religião, política a partir do religioso.

Mostrar como o fenômeno religioso apresenta na vida cotidiana do brasileiro é um desafio do licenciado da Ciência da Religião. A BNCC incentiva que a construção do *curriculum* dos sistemas de ensino seja fundamentada na manifestação religiosa local. No Amapá a implantação do referencial curricular elenca as características do fenômeno religioso local, dando destaque às práticas xamânicas, pajelança, religiões de matrizes africanas, tambor de mina, catolicismo popular, marabaixo, festa de São Tiago, eventos religiosos evangélicos, ateísmo, santo daime e outros temas. De acordo com Maués (1990), a religiosidade da Amazônia é marcada pelo sincretismo religioso.

A BNCC insiste muito na necessidade de promoção da formação inicial e a formação continuada do professor de Ensino Religioso. Em muitas cidades a graduação em licenciatura em

Ciência da Religião não é ofertada, ou quando possui a oferta é no molde confessional sob o discurso da pluralidade. Investir na formação é a chave para chamar a atenção da comunidade escolar e de outros setores da sociedade pela importância de estudar as diferenças religiosas.

Os sistemas de ensino, as universidades e outros setores da sociedade civil precisam urgentemente realizar congressos, seminários, colóquios, palestras, conferências, atividades de pesquisa e ensino, publicação de livros, ebook ou projetos sociais com o intuito de conscientizar a sociedade de que a diversidade religiosa é um pilar da nossa constituição e a identidade do brasileiro.

Muitos gestores, professores e familiares resistem a esse modelo de Ensino Religioso vinculado à teologia. Acreditam que o modelo confessional é o mais adequado à realidade. Sustentam a ideia de que nas escolas públicas o ensino dos dogmas religiosos cristãos é necessário para ajudar na resolução dos problemas da sociedade. A crítica à falta de divulgação dos valores do cristianismo perpetuados em espaços públicos (principalmente nas escolas) deve-se a setores da Igreja Católica e das dezenas de Igrejas Evangélicas que não comungam com esse pensamento. Defendem que o ensino da Bíblia, a recitação de cânticos e orações, a exposição da Bíblia no *hall* das repartições, a realização de cultos religiosos, dentre outras práticas, é essencial para a formação intelectual e cultural do brasileiro. O modelo confessional não atende às demandas da BNCC no tocante ao Ensino Religioso. Dependendo de como a confessionalidade é usada como instrumento pedagógico, pode-se incentivar as intolerâncias, as discriminações, os preconceitos e os estigmas.

Para que o professor de Ensino Religioso consiga com êxito trabalhar as habilidades e competências sugeridas pela BNCC faz-se necessário repensar as condições de trabalho desse profissional nas escolas. O aumento da carga horária, a compra de material de consumo, a elaboração de material didático, o incentivo à formação, concursos públicos não para teólogos, e sim para cientistas da religião, a reformulação dos projetos políticos e pedagógicos das escolas, a conscientização dos pais sobre essa proposta curricular, as sistemáticas avaliações repensarem a questão da reprovação são algumas das demandas urgentes que precisam ser revistas.

O alinhamento entre a direção escolar, professores, corpo técnico e os pais em torno da proposta da BNCC na defesa da diversidada religiosa é fundamental para o sucesso da sua execução. De nada adianta o professor desenvolver suas aulas conectado com o dinamismo plural religioso da sua realidade se a direção escolar ceder à pressão de grupos religiosos, familiares ou funcionários que defendem o Ensino Religioso na perspectiva confessional. Esse professor de Ensino Religioso terá imensas dificuldades na realização de seu trabalho.

Referências

ALBUQUERQUE, E. & REIS, M. "Religião, política e educação Concepções de racismo religioso dos professores do Estado do Amapá". In: *Revista Fronteiras e Debates*, vol. 3, n. 2, jul.-dez./2016.

CUSTÓDIO, E.S.; REIS, M.V.F. & BOBSIN, O. "A realidade do Ensino Religioso no Estado do Amapá: proposta de criação do primeiro curso de Licenciatura em Ciência da Religião". In: *Estudos Teológicos*, vol. 57, 2017, p. 172-191.

FRESTON, P. "As duas tradições futuras: católicos, protestantes e sociedade na América Latina". In: *Ciências Sociales y Religión/Ciências Sociais e Religião*, ano 12, n. 12, out./2010, p. 13-30. Porto Alegre.

______. *Os protestantes e a política no Brasil*. Campinas: Unicamp, 1993 [Tese de doutorado].

GIUMBELLI, E. *O fim da religião* – Dilemas da liberdade religiosa no Brasil e na França. São Paulo: Attar/Pronex, 2002.

______. *O cuidado dos mortos* – Uma história da condenação e legitimação do espiritismo. Rio de Janeiro: Arquivo Nacional, 1997.

GRESCHAT, H.-J. *O que é Ciência da Religião?* Trad. de Frank Usarski. São Paulo: Paulinas, 2005.

HOCK, K. *Introdução à Ciência da Religião*. Trad. de Monika Ottermann. São Paulo: Loyola, 2010.

JUNQUEIRA, S. *História, legislação e fundamentos do Ensino Religoso*. Curitiba: Ibpex, 2008.

MARIANO, R. "Mudanças no campo religioso brasileiro no Censo 2010". In: *Debates do NER*, ano 14, n. 24, jul.-dez./2013, p. 119-137. Porto Alegre.

______. *Neopentecostalismo* – Sociologia do novo pentecostalismo no Brasil. São Paulo: Loyola, 1999.

MAUÉS, R.H. *A ilha encantada* – Medicina e xamanismo numa comunidade de pescadores. Belém: Edufpa, 1990.

REIS, M.V.F. Política e religião – Participação política dos católicos carismáticos do Brasil. São Paulo: Universidade Federal de São Carlos, 2016 [Tese de doutorado].

______. *Política e religião* – O envolvimento dos católicos carismáticos na política brasileira. São Paulo: Universidade Federal de São Carlos, 2011 [Dissertação de mestrado].

SANTOS, C.A.I. et al. (orgs.). *Intolerância religiosa no Brasil*: relatório e balanços. Rio de Janeiro: Kliné, 2016.

SEIBT, C.L. & SANTOS, R.O. "Ciências da Religião e Ensino Religioso na Amazônia". In: *Revista Pistis Praxis* – Teologia Pastoral, vol. 6, n. 2, mai.-ago/2014, p. 373-397. Curitiba.

SOARES, A.M.L. *Religião & Educação*: da ciência da religião ao Ensino Religioso. São Paulo: Paulinas, 2010.

TEIXEIRA, F. & MENEZES, R. (orgs.). *Religiões em movimento*: o censo de 2010. Petrópolis: Vozes, 2013.

USARSKI, F. *Constituintes da Ciência da Religião*. São Paulo: Paulinas, 2006.

Sugestão de textos/material acessíveis online

1) KADLUBITSKI, L. & JUNQUEIRA, S. "Diversidade religiosa na Educação". In. *Revista Interações*, vol. 7, n. 11, 2012, p. 179-197 [Disponível em http://periodicos.pucminas.br/index.php/interacoes/article/view/6196].

2) SILVA, E.M. "Religião, diversidade e valores culturais: conceitos teóricos e a educação para a cidadania". In: *Rever* – Revista de Estudos da Religião, n. 02, 2004, p. 1-14 [Disponível em https://www.pucsp.br/rever/rv2_2004/p_silva.pdf].

3) CAVALCANTI, A.S. "Currículo e diversidade cultural: uma abordagem a partir do Ensino Religioso nas escolas públicas". In: *Revista de Pesquisa em Filosofia* – Fundamento, vol. 01, n. 03, 2011, p. 172-186 [Disponível em http://www.revistafundamento.ufop.br/index.php/fundamento/article/view/43].

8

Identidade e alteridade na BNCC: importância para o Ensino Religioso na perspectiva das Ciências da Religião

Gilbraz de Souza Aragão
Doutor em Teologia (PUC-RJ)
Professor titular (Unicap-Recife)

O Ensino Religioso, conforme propõe a Base Nacional Comum Curricular do Ministério da Educação, traduz pedagogicamente em processos de aprendizagem os conhecimentos transversais das Ciências da Religião, articulados em unidades temáticas que tratam de identidades e alteridades, manifestações religiosas, e crenças religiosas e filosofias de vida. Esta seção vai desenvolver os conteúdos relacionados à ética da alteridade, aos fundamentos filosóficos do Ensino Religioso não confessional, focado no direito à fé esclarecida e aberta ao diálogo com a diversidade cultural do espaço público.

Com efeito, a interculturalidade e a ética da alteridade são os fundamentos teóricos e pedagógicos dessa educação sobre as religiões e religiosidades, possibilitando reconhecimento e respeito pelas convicções e valores das diferentes culturas, tradições religiosas e filosofias de vida. Trata-se, então, de valorizar o caráter singular e diverso do ser humano por meio da identificação e do apreço pelas semelhanças e diferenças entre o eu (identidade subjetiva) e os outros (alteridades) pelas relações entre imanência (dimensão intersubjetiva e existencial) e transcendência (abertura aos outros e ao mistério da existência).

1 Ensino Religioso e BNCC

Os fundamentos político-pedagógicos do Ensino Religioso no Brasil voltaram-se para o acolhimento das tradições e grupos religiosos e não religiosos que integram a nossa diversa e complexa sociedade. Desde a Lei n. 9.475/1997 ele passou a ser entendido como um componente curricular responsável por assegurar o conhecimento a respeito da diversidade religiosa e espiritual, e foi encontrando nas Ciências da Religião a área de conhecimento responsável pelos seus conteúdos.

O Ensino Religioso assumiu, assim, a responsabilidade de favorecer acesso aos saberes e conhecimentos produzidos pelas diferentes culturas e cosmovisões religiosas e pós ou não religiosas, enquanto patrimônios culturais da humanidade. Busca, então, desconstruir significados e experiências colonialistas e opressoras, reconstruindo atitudes de valoração e respeito às diversidades. O Ensino Religioso que está se afirmando vem problematizar as relações de saberes e poderes de caráter religioso, não tem mais a ver com a expansão de Igrejas nem com a educação religiosa, mas com a formação cidadã.

Segundo tal concepção, que foi desenvolvida na Base Nacional Comum Curricular (BNCC) lançada pelo Ministério da Educação em 2017, a religião deve ser tratada na escola como objeto de estudo que contribui com a formação geral do cidadão, em um exercício de ciência a ser feito com os estudantes sobre as religiosidades e espiritualidades em suas expressões simbólicas e valorativas. Trata-se de uma educação "sobre" a religião e "da" espiritualidade, que difere da educação "para" a prática religiosa, de competência das tradições de fé e vivências familiares.

Nos anos iniciais do Ensino Fundamental, conforme a BNCC, ocorre a "ampliação das práticas de linguagem e da experiência estética e intercultural das crianças", bem como sua "autonomia intelectual, a compreensão de normas e os interesses pela vida social" (BRASIL, 2017, p. 57). Esse movimento oportuniza que o Ensino Religioso trabalhe, então, as relações dos estudantes entre si, com a natureza, com o seu meio cultural e científico, com o mistério da realidade.

Partindo das vivências mais imediatas, o professor deverá colaborar para que a criança amplie e contextualize, aprofunde e terapeutize a compreensão que traz dos diversos objetos de conhecimento, dentre eles as experiências religiosas e espirituais. Nessa perspectiva, os anos iniciais do Ensino Religioso foram estruturados em três unidades temáticas: "Identidades e alteridades": abordada do 1º ao 3º ano, possibilita perceber a distinção entre o eu, o outro e o nós e, consequentemente, o reconhecimento, a valorização e o acolhimento do caráter singular e diverso do ser humano. "Manifestações religiosas": trabalhada do 1º ao 4º ano, preocupa-se em conhecer, valorizar e respeitar as experiências e manifestações religiosas. E "Crenças religiosas e filosofias de vida", trabalhada no 4º e no 5º ano, proporciona a compreensão das narrativas religiosas transmitidas em textos orais e escritos, através das gerações, destacando aspectos estruturantes das tradições religiosas e filosofias de vida.

2 Identidade e alteridade na BNCC

As nossas razões mais profundas vivem na linguagem, que é o meio com o qual nos comunicamos com os outros antes mesmo de começar a falar. Quando encontramos o rosto de uma outra pessoa, alguém necessitado em nosso caminho, por exemplo, o fato de que é outro ser humano e que por ele tenho responsabilidade é comunicado no mesmo instante. Podemos até fugir dessa responsabilidade, mas a consciência da gente surge e pode se ampliar nesses relacionamentos face a face que temos com os outros.

> O ser humano se constrói a partir de um conjunto de relações tecidas em determinado contexto histórico-social, em um movimento ininterrupto de apropriação e produção cultural. Nesse processo, o sujeito se constitui enquanto ser de imanência (dimensão concreta, biológica) e de transcendência (dimensão subjetiva, simbólica). Ambas as dimensões possibilitam que os humanos se relacionem entre si, com a natureza e com a(s) divindade(s), percebendo-se como iguais e diferentes. A percepção das diferenças (alteridades) possibilita a distinção entre o "eu" e o "outro", "nós" e "eles", cujas relações dialógicas são mediadas por referenciais simbólicos (representações, saberes, crenças, convicções, valores) necessários à construção das identidades (BRASIL, 2017, p. 434).

Esses elementos que constituem uma ética da alteridade fundamentam a temática "identidades e alteridades", prevista para o Ensino Religioso nos anos iniciais do Ensino Fundamental. Essa unidade pretende despertar nos estudantes o reconhecimento e acolhida da singularidade e diversidade do ser humano através do respeito às semelhanças e diferenças entre o eu (subjetividade) e os outros (alteridades), da compreensão dos símbolos e significados que estruturam as relações sociais e da relação entre imanência e transcendência.

Transcendência é a base dos fenômenos e experiências religiosas, surgidos quando pessoas e comunidades buscam significados para a morte e a vida, atribuindo então caráter sagrado a pessoas e objetos, lugares e forças da natureza, ancestrais e santos, a um mistério poderoso de origem e destino que permite transcender a finitude. Os mitos, ritos e interditos são expressões dessa dimensão transcendental, em que a linguagem simbólica evoca felicidades ausentes e buscadas em outro nível de realidade. Mística deriva do mistério da realidade, do respeito ao ilimitado em todo conhecimento. Espiritualidade é religação com essa dimensão sagrada, profunda e sutil, de toda a realidade: em nosso interior, na natureza e na história, na face do outro.

As tradições religiosas e filosóficas formalizam caminhos para a experiência espiritual, conforme as possibilidades e limites de cada cultura. E o Ensino Religioso deve ser uma aprendizagem analítica desses conhecimentos espirituais da humanidade. A escola pode e deve refletir sobre esse fenômeno humano em busca de significados mais profundos para o que é experimentado como sagrado em cada cultura, porque todo mundo tem direito ao esclarecimento das crenças e místicas da humanidade. O Ensino Religioso deve, então, avaliar e interpretar as notícias religiosas em seus contextos, estudar as religiões como questão, e não como dado.

As identidades pessoais e coletivas são construídas na interiorização dos valores e sentidos em cada cultura a partir do território de convivência com os outros, das histórias familiares e políticas compartilhadas, dos rituais que agregam em torno do sangue e da língua. A humanização dos humanos supõe a construção de identidades abertas à transformação criativa através da presença da alteridade, esperando-se que o "eu" esteja voltado ao reconhecimento do "outro", ao respeito da diversidade e à promoção da interculturalidade, tendo em vista o bem comum cada vez mais amplo e inclusivo.

Há quem se pergunte como respeitar a diversidade cultural e defender os direitos humanos, mas na perspectiva de encontrar normas mais aperfeiçoadas dentro do sistema vigente. A ética da alteridade nos convoca a transitar para fora "deste mundo" estabelecido, recriando então a vida comunitária a partir da palavra de quem já não tem mais direitos ou valores reconhecidos. A perspectiva da alteridade nos convida, então, a transformar as relações sociais a partir dos excluídos do sistema, cujos rostos revelam um princípio criador e misterioso da realidade. Essa ética nos abre para tal princípio transcendente, que questiona quem absolutiza a imanência das nossas relações, quem afirma a cotidianidade vivida como sendo a totalidade absoluta. Muitos textos sagrados referem a pretensão humana de ocupar o lugar do divino como sendo a negação teórica de uma prévia negação prática do outro, do irmão a quem se despreza e exclui. Dessa maneira, há quem se ocupe de absolutizar o sistema do capitalismo dominante, no plano social; do machismo, no plano erótico; da dominação ideológica, no plano pedagógico; da idolatria, enfim, em todos os níveis – que são sempre, também, religiosos.

Mas há também pessoas com uma fé antropológica ou comunidades de fé religiosa conscientes de que "mais além" dessa totalidade de vida se encontra a alteridade. Isso leva à procura solidária do outro, do "diferente" na história e na sociedade, do rosto desfigurado dos excluídos e marginalizados, onde inclusive encontramos acesso a uma imagem mais autêntica da divindade, o Grande Outro.

Na relação mais elementar entre as pessoas, o "outro" é o homem para a mulher e a mulher para o homem ou ambos frente aos outros gêneros sexuais, o filho ou a filha para o pai ou a mãe, e daí por diante: um grupo para outro grupo, um povo para outro povo, uma Igreja para outra Igreja, uma religião para outra religião. No plano das relações sociais, o "outro", para quem se situa mais perto do centro do sistema, são os pobres, sobretudo em nossa sociedade marcada por desigualdade. Os oprimidos encarnam em sua própria condição a palavra que julga o sistema e é capaz de indicar os rumos da transcendência, como experiência concreta.

Já o missionário Antônio Vieira contava que os antigos consultavam as entranhas dos animais para poder prognosticar o futuro, mas o correto mesmo é, como pregava (no Sermão do Terceiro Domingo do Advento do ano de 1655), consultar as barrigas dos pobres e daqueles que se sacrificam, se empobrecem, pelos outros. Observando as tripas dos empobrecidos e sacrificados é que podemos saber os planos divinos do futuro, é que podemos aprender a transformar em vida a presente situação de morte: "Se quereis profetizar o futuro, consultai as entranhas dos que se sacrificaram e dos que se sacrificam; e o que elas disserem, isto se tenha por profecia".

Esse encontro com o outro, revelação da misteriosa alteridade de vida em relação ao "mesmo" ou "já dado", exterior e anterior ao "mundo" ou sistema estabelecido, leva-nos a buscar outra maneira de conviver: rompendo com o sistema em que a alteridade é negada e não apenas procurando humanizá-lo ou torná-lo virtuoso. Trata-se de um compromisso com a palavra viva das crianças desprezadas, dos pobres explorados, devotos populares, raças e culturas discriminadas, de mulheres e LGBTS violentados, em função do mundo novo pelo qual eles clamam.

Essa afirmação dos valores e dos sentidos do outro vem fundar, por seu turno, a possibilidade de novas relações. E não se trata apenas de negar dialética e utopicamente a negação dos outros no sistema, mas, em primeiro lugar, da afirmação analética do outro real. *Ana* (do grego) quer dizer um "mais além" do horizonte do sistema, "mais além" ou transcendental "ao que existe". E o mistério da realidade, Grande Outro anterior ao que "está aí", tem sua face de "carne", ou seja, histórica, política, erótica.

Os empobrecidos e todos os "outros" que padecem da alienação imposta pelo sistema encarnam essa alienação, mas também podem se descobrir anteriores a ela, pelo contato com a intuição da sua dignidade humana e/ou pelo reconhecimento da sua produção de sentido e vida exterior ao sistema. Nisso, tomam consciência da alienação, assumem-na e passam a representar o seu contrário. A "pobreza" e exclusão negam, então, a negação que as vulnera e, com isso, constituem-se em fator positivo por excelência de transformação do mundo: esta é a ética da alteridade, para a qual devem contribuir as espiritualidades e religiões, como regra de ouro básica.

3 Objetos e habilidades

O Ensino Religioso na BNCC foi construído para favorecer uma perspectiva altruísta de ética da alteridade e de interculturalidade social, tendo em vista que a escola deve promover educação voltada para a coexistência de pessoas com diferentes atitudes religiosas e espirituais, primando pela convivência democrática no espaço público.

O embasamento da unidade temática Identidades e alteridades, cujos objetos de conhecimento e habilidades e competências de aprendizagem serão apresentados a seguir, tem como suporte os sentidos da imanência (dimensão concreta, biológica) e da transcendência (dimensão subjetiva, simbólica). Os temas geradores que se desprendem dessa relação ensejam um diálogo crítico e criativo entre as culturas religiosas e delas com as outras formas de conhecimento, mais científicas.

A unidade temática Identidades e alteridades prevê para o 1º ano do Ensino Fundamental dois objetos de conhecimento: O eu, o outro e o nós, na qual se pretende desenvolver as seguintes habilidades: identificar e acolher as semelhanças e diferenças entre o eu, o outro e o nós, reconhecer que o seu nome e o das demais pessoas os identificam e os diferenciam; e Imanência e transcendência, visando o desenvolvimento das seguintes habilidades: reconhecer e respeitar as características físicas e subjetivas de cada um, valorizar a diversidade de formas de vida.

Educar é ensinar e aprender uma determinada linguagem, uma maneira de se relacionar com o mundo e com as pessoas. E um educador místico ou a mística da educação tem percepção e relação com o mistério que o mundo e as pessoas deixam transparecer. Deriva-se disso a aposta no poder transformador da palavra criativa, da palavra capaz de recriar a realidade pela invocação da misteriosa ausência daquilo que falta à simples matéria, a dimensão sutil que paira sobre as águas do mundo, desejosa que a invoquemos com sentimento oceânico. Existe uma categoria intermediária entre a transcendência e a imanência; a transparência, a presença da transcendência dentro da imanência, do simbólico e divino dentro do mundo. O mundo, então, torna-se transparente, sinal e canal para uma outra dimensão da realidade.

No 2º ano do Ensino Fundamental, a unidade temática Identidades e alteridades prevê três objetos de conhecimento: O eu, a família e o ambiente de convivência, relacionados às seguintes habilidades: reconhecer os diferentes espaços de convivência, identificar costumes, crenças e formas diversas de viver em variados ambientes de convivência; Memórias e símbolos, visando o desenvolvimento das seguintes habilidades: identificar as diferentes formas de registro das memórias pessoais, familiares e escolares (fotos, músicas, narrativas, álbuns), identificar os símbolos presentes nos variados espaços de convivência; e Símbolos religiosos, relacionados à habilidade: identificar, distinguir e respeitar símbolos religiosos de distintas manifestações, tradições e instituições religiosas.

Os símbolos religiosos ou espirituais são objetos, palavras ou ações que evocam uma felicidade, verdade ou força ausente e, em certa medida, as tornam presentes. O símbolo é a linguagem básica da experiência religiosa, fundando todas as outras expressões espirituais. É uma linguagem que deve ser razoável, mas está para além da razão instrumental e digital. Por ela se manifesta o profundo, o imaginário, o enigma, a intuição. Não remete a um objeto no mundo, mas a uma relação de sentimento oceânico com a totalidade das coisas, apesar dos seus limites. Por isso, os símbolos são a linguagem dos sonhos, da poesia, do amor, da experiência religiosa. A iniciação à linguagem simbólica deve descortinar outros conhecimentos possíveis. Pelos símbolos nós nos abrimos à fineza de espírito, podemos ser afetados pelos outros e podemos afetá-los, despojando-nos do cálculo, do interesse mesquinho e da vontade de poder.

No 3º ano do Ensino Fundamental, a unidade temática Identidades e alteridades elenca um objeto de conhecimento: Espaços e territórios religiosos, vinculado a duas habilidades: identificar e respeitar os diferentes espaços e territórios religiosos de diferentes tradições e movimentos religiosos, e caracterizar os espaços e territórios religiosos como locais de realização das práticas celebrativas.

Os territórios religiosos unem elementos naturais e construções sociais para criar portais simbólicos de experiência mística e vivência ritual em torno daquilo que o grupo considera sagrado. São espaços recortados dentro do espaço cósmico ou telúrico, através dos quais vão se construindo vínculos culturais e demarcando o poder da comunidade de fé, uma vez que a territorialidade do sagrado comporta uma dimensão política da religião, incluindo tentativas de tensionar fronteiras e influenciar outros grupos. Ao mesmo tempo, os templos ou territórios são centros e eixos da vida espiritual, os espaços sagrados implicam a experiência de mudar de plano ou nível de realidade, ocorrendo para quem conhece os seus códigos um sentimento de ruptura, de passagem do lado de cá para o além, abrindo-se uma fresta que permite apreender e experimentar um sopro, uma aproximação do outro mundo, sagrado.

Nessa tradução pedagógica que o Ensino Religioso faz dos conteúdos produzidos pelas Ciências da Religião, as religiosidades particulares e as histórias das religiões são transcendidas pela procura por uma visão sistemática, uma morfologia das experiências do sagrado capaz de abarcar as diversidades e, ao mesmo tempo, captar a singularidade de cada fato religioso. Desdobra-se, com isso, uma visão transreligiosa da mística humana, das atitudes de descentramento, abertura e cuidado para além de si, que existem entre e para além de todas as tradições religiosas e filosóficas.

Referências

BRASIL. *Base Nacional Comum Curricular (BNCC)*. Brasília: MEC, 2017.

DUSSEL, E. *Ética comunitária*. Petrópolis: Vozes, 1986.

CARDOSO DE OLIVEIRA, R. *Caminhos da identidade*: ensaios sobre etnicidade e multiculturalismo. São Paulo: Unesp, 2006.

LÉVINAS, E. *Ensaios sobre a alteridade*. Petrópolis: Vozes, 2010.

PENZO, G. & GIBELLINI, R. (orgs.). *Deus na filosofia do século XX*. São Paulo: Loyola, 1998.

SOARES, A. *Religião e educação*: da Ciência da Religião ao Ensino Religioso. São Paulo: Paulinas, 2010.

Sugestão de textos/material acessíveis online

1) *Documentário conflitos de fé* [Dirigido pelo jornalista Claudio Salles, o vídeo de 2011 tem como ponto de partida as ações realizadas pela Comissão de Combate à Intolerância Religiosa. Visita terreiros do Rio de Janeiro e manifestações públicas como a Caminhada Contra a Intolerância Religiosa, que acontece anualmente em Copacabana] [Disponível em https://youtu.be/rkFbc3TwCuk].

2) *Animação Pax* [Animação brasileira feita a partir de bonecos de massa por Paulo Munhoz, de 2005. Desperta para o tema do diálogo inter-religioso através do debate entre líderes espirituais de diferentes correntes, representando quatro das maiores religiões do mundo: catolicismo, islamismo, judaísmo e budismo. Ah! Também tem um preto-velho e mais "gente" que entra na história...] [Disponível em https://youtu.be/mlOyLb93e_8].

3) RECH, V.T. *Pluralismo religioso*: diálogo e alteridade no Ensino Religioso. Pontifícia Universidade Católica do Rio Grande do Sul, 2009 [Dissertação de mestrado] [Disponível em http://tede2.pucrs.br/tede2/bitstream/tede/5820/1/413563.pdf].

4) KRONBAUER, S.C.G. & SILVA, M.R. "Identidade e alteridade: diálogos para o Ensino Religioso". In: *Identidade!*, vol. 16, n. 2, 2011, p. 249-258. São Leopoldo [Disponível em periodicos.est.edu.br/index.php/identidade/article/view/239/255].

9

Crenças religiosas e filosofias de vida na BNCC: importância para o Ensino Religioso sob a perspectiva da Ciência da Religião

Matheus Oliva Costa
Doutor em Ciência da Religião (PUC-SP)
Professor universitário e coordenador de Licenciatura em Filosofia (Ebramec)

Fábio L. Stern
Doutor em Ciência da Religião (PUC-SP)
Professor universitário

Introdução

Neste capítulo esclareceremos a proposta do eixo "Crenças religiosas e filosofias de vida" da Base Nacional Comum Curricular (BNCC) do Ensino Religioso, sob a perspectiva da ciência da religião. Para isso é fornecida uma breve contextualização sobre essa ciência, a sua relação com o Ensino Religioso, e como os conteúdos do eixo em questão da BNCC podem ser entendidos e exemplificados. Esperamos dialogar com vocês, docentes, estudantes e pesquisadores, instigando-lhes a perceber as várias possibilidades de trabalhar este tema na educação básica.

1 Ensino Religioso, Ciência da Religião e a Base Nacional Comum Curricular

Nas últimas décadas, o Ensino Religioso escolar sofreu diversas mudanças, das quais se destacam o reconhecimento da necessidade de mais fundamentações teóricas, fundamentações práticas e fundamentações legais. Cada vez mais autores têm apontado a Ciência da Religião como a área acadêmica de referência para um Ensino Religioso adequado para uma sociedade democrática pluralista (PASSOS, 2007; ALBERTS, 2008; SOARES, 2010; JUNQUEIRA, 2015; JENSEN, 2018).

Entendemos a Ciência da Religião como uma disciplina autônoma específica, nascida na Europa no final do século XIX (SHARPE, 1986). Seu objeto de estudo é tudo o que é produzido pela humanidade e possa ser entendido como religioso. Por exemplo: o discurso sobre divindades; as práticas realizadas com frequência (ritos) para entrar em contato com as realidades espirituais em que se acredita; ou até os objetos e coisas entendidos como especiais e sagrados.

Desde a tese de 1924 de Joaquim Wach (1898-1955) (cf. WACH, 2018), a Ciência da Religião é tradicionalmente organizada em dois ramos. O ramo empírico concentra estudos sobre temas que envolvam tradições religiosas específicas; e o ramo sistemático reúne pesquisas comparativas, classificatórias e teóricas que organizam as informações sobre religiões levantadas pelo ramo empírico. Segundo Costa (2019), desde a virada do século XX para o XXI é possível também se pensar em um terceiro ramo, a ciência da religião aplicada, em que ocorre a transposição dos saberes produzidos pela ciência da religião para os diversos campos da sociedade mais ampla. O ramo aplicado é baseado nos conhecimentos dos dois ramos teóricos, bem como é a ponte entre os pesquisadores da ciência da religião (mestres e doutores) e os profissionais em atuação na sociedade (p. ex., professores de Ensino Religioso escolar).

Uma atitude inalienável desta área é o *agnosticismo metodológico* (STERN & COSTA, 2017). Apesar de o nome assustar quem nunca leu sobre o assunto, o termo não significa que as pessoas precisam ser agnósticas para fazer ciência da religião. Significa apenas que cada pessoa, quando estuda cientificamente as religiões, deve conscientemente deixar de lado as suas próprias crenças para conseguir entender e explicar as ideias religiosas. Isso, inclusive, não é apenas uma necessidade ao se estudar a religião do outro, mas também para quando se estuda o seu próprio grupo religioso. O objetivo da ciência da religião não é a conversão religiosa. Portanto, fazer um Ensino Religioso fundamentado na Ciência da Religião exige que cada docente utilize pensamentos e linguagens mais neutros e respeitosos para com a diversidade cultural religiosa, evitando visões preconceituosas ou apologéticas.

No que concerne à história da educação brasileira em geral, diversos documentos foram gerados visando estabelecer normas e direções para a educação nacional, como a Lei de Diretrizes e Bases (LDB), de 1996. Na primeira modificação dessa lei, em 1997 foi reescrito o art. 33 da LDB, que versa sobre o Ensino Religioso nas escolas brasileiras, e que continua sendo a principal legislação sobre o Ensino Religioso do período atual pós-redemocratização. Anos depois, em 2017, foi divulgada oficialmente uma política pública no Brasil contendo bases curriculares nacionais ao Ensino Religioso: a BNCC do Ensino Fundamental, documento que foi publicado integralmente no ano seguinte, incluindo o Ensino Médio (BRASIL, 2018).

A BNCC do Ensino Religioso foi escrita partindo da ideia que

> a interculturalidade e a ética da alteridade constituem fundamentos teóricos e pedagógicos do Ensino Religioso porque favorecem o reconhecimento e respeito às histórias, memórias, crenças, convicções e valores de diferentes culturas, tradições religiosas e filosofias de vida. O Ensino Religioso busca construir, por meio do estudo dos conhecimentos reli-

giosos e das filosofias de vida, atitudes de reconhecimento e respeito às alteridades (BRASIL, 2018).

Citamos esse trecho para demonstrar que a visão do Ensino Religioso na BNCC é de que o estudo sobre religiões e filosofias de vida não religiosas nas escolas deve ser feito para fomentar o respeito entre os estudantes e o reconhecimento do que é estudado. Isso não significa que os alunos devem se converter a alguma religião, e nem mesmo deixar de ter a fé deles. A BNCC afirma que o Ensino Religioso "é produzido no âmbito das diferentes áreas do conhecimento científico das Ciências Humanas e Sociais, notadamente da(s) Ciência(s) da(s) Religião(ões)" (BRASIL, 2018, p. 436). Encaminha-se, assim, para uma maneira de desenvolver formas de convivência mais saudáveis e harmoniosas, propiciando uma formação cidadã numa sociedade que tem como realidade a diversidade religiosa.

2 Crenças religiosas e filosofias de vida na BNCC

A BNCC formulou objetivos e competências específicas ao Ensino Religioso, que já foram trabalhados em capítulos anteriores deste livro e podem ser consultados integralmente no documento (BRASIL, 2018). Para atingir estes objetivos e possibilitar a realização destas competências são oferecidas três unidades temáticas que organizam diversos objetos de conhecimento: (1) identidades e alteridades, (2) manifestações religiosas, e (3) crenças religiosas e filosofias de vida. Neste capítulo vamos focar na terceira unidade temática, na qual

> [...] são tratados aspectos estruturantes das diferentes tradições/movimentos religiosos e filosofias de vida, particularmente sobre mitos, ideia(s) de divindade(s), crenças e doutrinas religiosas, tradições orais e escritas, ideias de imortalidade, princípios e valores éticos (BRASIL, 2018, p. 439).

Como pode ser notado, há dois subtemas complementares: (a) "crenças religiosas" e (b) "filosofias de vida". O primeiro subtema é mais óbvio para o Ensino Religioso escolar, pois trata mais diretamente do que a BNCC expressa como o objeto de estudo desse componente curricular: o "conhecimento religioso". Dentro desse subtema há as crenças propriamente religiosas, ou seja, as ideias que são pensadas e divulgadas por pessoas e pelas instituições explicitamente religiosas. Por exemplo: os mitos de criação do mundo, as divindades de diversos panteões, as ideias impessoais como "carma" e "reencarnação", as doutrinas religiosas tanto passadas oralmente quanto de forma escrita, ou as imagens de símbolos que expressam essas crenças.

Enquanto um conceito geral, *crenças* são compreendidas como "um conjunto de ideias, conceitos e representações estruturantes de determinada tradição religiosa" (BRASIL, 2018, p. 440). Pensando nas questões da vida de pessoas relacionadas com as tradições religiosas, a BNCC ainda informa que esse conjunto de ideias pode oferecer respostas a elas. Seguindo o cientista da religião Wouter J. Hanegraaff (1961-) (2017), essas respostas influenciam a ação humana e se dão por conjuntos de ideias metaempíricas e práticas rituais. Trazendo isso para a linguagem da BNCC, essa influência ocorre através de "orientações, leis e costumes" (BRASIL, 2018). Logo, é relevante estudar as religiões na escola.

> Também as filosofias de vida se ancoram em princípios cujas fontes não advêm do universo religioso. Pessoas sem religião adotam princípios éticos e morais cuja origem decorre de fundamentos racionais, filosóficos, científicos, entre outros. Esses princípios, geralmente, coincidem com o conjunto de valores seculares de mundo e de bem, tais como: o respeito à vida e à dignidade humana, o tratamento igualitário das pessoas, a liberdade de consciência, crença e convicções, e os direitos individuais e coletivos (BRASIL, 2018, p. 441).

A citação acima mostra que, para além das crenças religiosas, há outras ideias que influenciam a conduta humana, classificadas de maneira geral como "filosofias de vida". Este termo aponta para "princípios éticos e morais" seguidos pelas "pessoas sem religião", mas que não têm origem religiosa (logo, seculares), podendo vir das mais diferentes fontes culturais: arte, política, esportes, profissões, entre outras possibilidades. Nos jogos olímpicos modernos e em movimentos políticos podem ser encontrados ideais de "igualdade de toda pessoa humana"; coletivos artísticos ou associações profissionais eventualmente defendem a liberdade de consciência e expressão; e muitos outros casos próximos aos leitores poderiam ser pensados para exemplificar ideias de "filosofias de vida".

Estudar as "filosofias de vida" seculares no ensino religioso é relevante para que o estudante possa conhecer as múltiplas formas de ver o mundo e, assim, identificar com mais profundidade a diversidade cultural à sua volta. Afinal, grupos religiosos e não religiosos tendem a conviver no espaço público, e cada ser humano sofre o impacto das ideias tanto religiosas como das "filosofias de vida", podendo ser ao mesmo tempo religioso e seguir ideias não religiosas, bem como pode não se declarar religioso, mas crer em ideias entendidas como religiosas ou espirituais.

O leitor atento perceberá que abordar conceitos amplos e classificações – tal como fizemos acima com as ideias de "crenças" e "filosofias de vida" – é uma tarefa do ramo sistemático da Ciência da Religião. Complementarmente, é preciso também que seja estudado casos específicos da diversidade cultural religiosa, tarefa do ramo empírico da Ciência da Religião. Aplicar a Ciência da Religião no exercício do Ensino Religioso escolar significa transpor essas aproximações gerais e específicas da

Ciência da Religião dentro do contexto escolar, numa linguagem que os estudantes da educação básica possam entender.

3 Objetos de conhecimento e habilidades a desenvolver

Cada unidade temática da BNCC tem objetos que servem como eixos de conhecimentos a se estudar. Estes podem ser entendidos como direcionamentos pedagógicos ao estudo de casos específicos sobre crenças e filosofias de vida (Ciência da Religião empírica transformada em Ciência da Religião aplicada ao Ensino Religioso dentro do contexto escolar). Por sua vez, para cada objeto de conhecimento são listadas respectivamente habilidades que os educandos devem desenvolver. A terceira unidade temática do Ensino Religioso na BNCC tem os seguintes objetos de conhecimento a serem estudados entre o 4º e o 8º ano do Ensino Fundamental, na ordem em que aparecem no documento (BRASIL, 2018, p. 448-459):

1) Ideia(s) de divindade(s).
2) Narrativas religiosas.
3) Mitos nas tradições religiosas.
4) Ancestralidade e tradição oral.
5) Tradição escrita: registro dos ensinamentos sagrados.
6) Ensinamentos da tradição escrita.
7) Símbolos, ritos e mitos religiosos.
8) Princípios éticos e valores religiosos.
9) Liderança e direitos humanos.
10) Crenças, convicções e atitudes.
11) Doutrinas religiosas.
12) Crenças, filosofias de vida e esfera pública.
13) Tradições religiosas, mídias e tecnologias.
14) Imanência e transcendência.
15) Vida e morte.
16) Princípios e valores éticos.

Elucidaremos cada um desses itens comentando as habilidades (mantendo os códigos do texto original) que a BNCC sugere se desenvolver durante as aulas.

3.1 *Estudo de crenças religiosas no 4º ano*

(1) Ideia(s) de divindade(s). Esse tema é de alta relevância, pois a maioria das religiões tem entre suas crenças a noção de "seres metaempíricos", nos termos de Hanegraaff (2017), que são popularmente chamados de "divindades". Cada tradição usa termos específicos para nomear cada divindade, com nomes próprios como *Ahura Mazda*, *Tupã* ou *Atená*, ou títulos como "Senhor", "O misericordioso" e "Alto". Da mesma forma, as tradições podem ter sua própria classificação interna de tipos de seres metaempíricos. P. ex.: no budismo fala-se de antigos bodisatvas e de devas, no cristianismo acredita-se que existem anjos e demônios, e na antiga religião grega descrevia--se a existência de deuses, semideuses e titãs.

As habilidades propostas para esse objeto de conhecimento relativas ao 4ª ano foram duas: "(EF04ER06) identificar nomes, significados e representações de divindades nos contextos familiar e comunitário", e "(EF04ER07) reconhecer e respeitar as ideias de divindades de diferentes manifestações e tradições religiosas" (BRASIL, 2018, p. 449). Há milhares de produções da Ciência da Religião sobre divindades, tanto pesquisas sobre religiões específicas quanto estudos que sistematizam e teorizam sobre as divindades. Tendo isso em vista, nas aulas de Ensino Religioso é necessário adaptar o conhecimento disponível sobre divindades à linguagem própria dos estudantes do 4º ano. É preciso lembrar que o desenvolvimento cognitivo nesse período pede por exemplos concretos, indicando que na aula sejam utilizadas cores, formas e narrações lúdicas que instiguem os estudantes.

3.2 *Estudo de crenças religiosas no 5º ano*

Para o 5º ano do Ensino Fundamental a BNCC do Ensino Religioso, na unidade temática em questão, oferece três objetos de conhecimento inter-relacionados: *(2) Narrativas religiosas*; *(3) Mitos nas tradições religiosas*; e *(4) Ancestralidade e tradição oral*. Narrativas são discursos – orais ou escritos – que expressam mensagens. Todo mito é uma narrativa simbólica, ou seja, expressa e tem significado para quem os ouve ou lê. É importante lembrar que, do ponto de vista da ciência da religião, o termo "mito" não deve ser entendido como "verdade" ou "mentira", mas sim através de perguntas como "Qual sentido este mito tem para determinada pessoa ou grupo social?"

Um mito religioso é uma narrativa que utiliza de linguagens que consideramos religiosas, que inclui símbolos, ideias, seres, coisas ou princípios metaempíricos. Por exemplo, um mito religioso menciona de maneira importante ideias como: uma montanha que tem uma "energia" espiritual, algum pensamento inspirado por divindades, seres metaempíricos em geral, objetos mágicos, o carma ou um milagre. Além das narrativas míticas religiosas mais gerais que estão difundidas livremente em todas as culturas, cada tradição religiosa específica tem seu conjunto de mitos, que constrói a identidade das instituições e dos seus praticantes. Algumas delas enfatizam questões e pessoas ligadas à sua ancestralidade, e muitas utilizam a narrativa oral. É o caso de algumas das tradições afro-brasileiras e das religiões indígenas nativas das Américas.

Respectivo ao conhecimento sobre *(2) "Narrativas religiosas"*, o documento propõe a habilidade de "(EF05ER01) identificar e respeitar acontecimentos sagrados de diferentes culturas e tradições religiosas como recurso para preservar a memória" (BRASIL, 2018, p. 451). Os estudantes devem conseguir identificar com respeito as narrativas de cada cultura religiosa, entendendo que elas auxiliam na preservação da memória social. Para isso, o docente pode encaminhar estratégias de aprendizagem para treinar a sensibilidade dos estudantes para perceberem o que cada pessoa e grupo religioso acredita ser mais importante ("sagrado") para eles. Por exemplo, ensinar a realizar entrevistas simples com uma atitude empática e uma escuta atenta, que demonstra respeito e interesse, refletindo adequadamente sobre as perguntas com o professor antes de o diálogo ocorrer. Poderiam começar com os próprios colegas e expandir para outras pessoas da escola ou da família. De maneira adaptada e inicial, isso vai ao encontro do método do cientista das religiões Hans-Jürgen Greschat (1927-) (2005, p. 80), que inspirado no colega de área Wilfred Smith (1916-2000) diz que a Ciência da Religião é um estudo das pessoas e do sentido que elas atribuem aos fenômenos religiosos, incluindo as narrativas.

Sobre *(3) "mitos nas tradições religiosas"*, a BNCC sugere duas habilidades aos discentes. A primeira é "(EF05ER02) identificar mitos de criação em diferentes culturas e tradições religiosas" (BRASIL, 2018, p. 451). A noção de "mito de criação" também é chamada de cosmogonia, e se refere a narrativas sobre as origens do mundo, dos seres humanos ou mesmo de algo mais específico, como um rio ou o fogo. Dessa forma, além de entender o que são narrativas, mitos e mitos religiosos, cada estudante deveria saber diferenciar quando um mito aborda sobre a criação de algo ou alguém, estudando casos de diferentes tradições. No 5º ano isso pode ser feito com exemplos concretos e com recursos que instiguem os cinco sentidos, comparando diferentes tipos de mitos para que eles localizem os "mitos de criação" dentre outros mitos de outros tipos.

A segunda habilidade é "(EF05ER03) reconhecer funções e mensagens religiosas contidas nos mitos de criação (concepções de mundo, natureza, ser humano, divindades, vida e morte)" (BRASIL, 2018, p. 451). Ao estudar cosmogonias específicas, as aulas podem direcionar o processo de aprendizado para que os educandos reconheçam o que cada narrativa expressa e por qual motivo. Por exemplo, poderia ser feita uma comparação entre os mitos de origens do ser humano nas tradições maia e cristã, mostrando como o meio ambiente dos grupos que narraram essas histórias teve impacto nos ingredientes que teriam criado o ser humano (respectivamente o milho no Popol Vuh, e o barro na Bíblia). Tais mitos ajudam a entender como essas tradições entendem o ser humano. No relato maia, o ser humano primeiro é feito de lodo e depois de madeira, mas ambos não são bem-vistos pelas divindades (excesso de moleza e de rigidez), sendo o milho o elemento mais equilibrado, mostrando a ideia de humano ideal para aqueles povos. Já o relato cristão pode ser interpretado como tendo a função de lembrar aos seres humanos que após falecerem eles voltarão ao pó da terra, de onde se acredita que foram feitos, exigindo humildade dos seus praticantes.

Já o objeto *(4) "ancestralidade e tradição oral"* indica desenvolver quatro capacidades. Duas delas são mais gerais: "(EF05ER04) reconhecer a importância da tradição oral para preservar memórias e acontecimentos religiosos" e "(EF05ER07) reconhecer, em textos orais, ensinamentos relacionados a modos de ser e viver" (BRASIL, 2018, p. 451). Em todas foi empregada a noção de tradição oral, que pode ser entendida como o conjunto de ideias e ensinamentos que utilizam de recursos não escritos, como musicalidade, poesia e gestual. A oralidade é um meio de manter viva uma cultura, inclusive uma religião, bem como pode ser vista como uma maneira própria de comunicação. Tradições orais podem ter, inclusive, "textos", que são entendidos como estruturas ou teias de narrativas que geram sentido em conjunto, influenciando o comportamento humano. O fato de não registrar de forma escrita os ensinamentos obriga as pessoas que vivem tradições orais a exercitar muito mais a memória, usando de diferentes recursos, como as rimas ou tonalidades.

As outras duas capacidades são mais específicas: "(EF05 ER06) identificar o papel dos sábios e anciãos na comunicação e preservação da tradição oral" e "(EF05ER05) identificar elementos da tradição oral nas culturas e religiosidades indígenas, afro-brasileiras, ciganas, entre outras" (BRASIL, 2018, p. 451). Aqui há um direcionamento ao estudo da oralidade: a função dos sábios e anciãos. Essas personagens, presentes em diversas tradições, são os guardiões de cada cultura, e em muitos casos as conservam através da memória dos ensinamentos passados oralmente. No Brasil, algumas das tradições que funcionam dessa maneira são as religiões afro-brasileiras (sobretudo o candomblé, o xangô, o batuque), as tradições dos povos nativos (xacriabás, guaranis, munduruku etc.), e outras, como os ciganos, congados e reinados do catolicismo popular. Como exercício pedagógico, estudantes podem identificar as características de oralidade nessas tradições.

3.3 Estudo de crenças religiosas no 6º ano

O 6º ano inaugura o segundo ciclo do Ensino Fundamental na educação básica. Os estudantes encontram um momento de transição entre um professor polivalente para diversos docentes para cada componente escolar. Conforme cada sistema escolar, é possível que seja o 1º ano em que o estudante tenha aulas de Ensino Religioso, ou aulas de Ensino Religioso com um docente específico para o tema. Nesses casos, o docente deve trabalhar cada unidade temática como se fosse a primeira vez que seus educandos participam de aulas de Ensino Religioso, sempre tendo como referência a ciência da religião. Mais ainda, pode ser necessário retomar os temas indicados anteriormente para a unidade temática três, "crenças religiosas e filosofias de vida".

Isso fica mais claro ao mostrar os próximos objetos de conhecimento: *(5) Tradição escrita: registro dos ensinamentos sagrados*; *(6) Ensinamentos da tradição escrita*; e *(7) Símbolos, ritos e mitos religiosos*. Se a maioria das tradições religiosas começou oralmente, muitas também registraram ou difundiram seus ensinamentos pela escrita. Esses escritos muitas vezes são a base para a formulação de símbolos, rituais e mitos, como é o caso do Daozang (cânon daoista), que registra modelos rituais cerimoniais seguidos há séculos por sacerdotes daoistas na China e toda a Ásia. Podem também, num segundo momento, ser a transcrição e comentários de símbolos, ritos e mitos, como pode ser explicado pela noção de "invenção da tradição", conceito absorvido da história pelo cientista da religião Steven Engler (2011). Segundo ele, religiões podem clamar por ser um legado de uma antiga tradição vista como "sagrada", quando, de fato, trata-se mais de uma interpretação recente do grupo que deseja ter essa ligação, o que pode se transformar em escrita.

Quanto a *(5) "tradição escrita"*, as habilidades recomendadas são, de forma complementar: "(EF06ER01) reconhecer o papel da tradição escrita na preservação de memórias, acontecimentos e ensinamentos religiosos" e "(EF06ER02) reconhecer e valorizar a diversidade de textos religiosos escritos (textos do budismo, cristianismo, espiritismo, hinduísmo, islamismo, judaísmo, entre outros)" (BRASIL, 2018, p. 453). É visado que os educandos identifiquem as características dos textos religiosos e reconheçam a sua importância na continuidade da memória coletiva. Exemplificando esse conhecimento, estudantes devem ser habilitados a reconhecer os diversos textos que as religiões de todo o mundo mantêm. Mais do que saber que eles existem e saber diferenciá-los, é preciso valorizar a diversidade dos textos religiosos, visando uma convivência intercultural, que respeite as diferenças.

Conectado a isso, o aprendizado sobre *(6) "ensinamentos da tradição escrita"* objetiva tornar os educandos hábeis em três aspectos. Primeiro, "(EF06ER03) reconhecer, em textos escritos, ensinamentos relacionados a modos de ser e viver", segundo "(EF06ER04) reconhecer que os textos escritos são utilizados pelas tradições religiosas de maneiras diversas", e, por fim, "(EF06ER05) discutir como o estudo e a interpretação dos textos religiosos influenciam os adeptos a vivenciarem os ensinamentos das tradições religiosas" (BRASIL, 2018, p. 453). As três habilidades promovem um método gradual para se trabalhar em sala de aula.

Ao estudar textos de diferentes tradições – como o Bhagavad Gita, o Tanakh ou o Livro dos Espíritos – podemos encontrar neles preceitos morais de como as pessoas devem ou não se comportar, que servem de referência para os praticantes. Esse é um dos motivos do porquê nos seus primeiros cem anos a ciência da religião foi tão focada em escrituras como fonte do seu estudo (STERN & COSTA, 2017). No entanto, as mensagens contidas nos textos foram historicamente utilizadas tanto para resolver problemas sociais como para discriminar ou perseguir pessoas diferentes do padrão estabelecido pela leitura desses livros. No entanto, esses livros podem ser (e historicamente foram) interpretados de diversas maneiras, justificando todo tipo de ações com alguma base em suas escrituras. Existem, por exemplo, uma política de tolerância religiosa criada na antiga Índia pelo rei budista Asoka a partir da leitura do Tripitaka (Cânon budista), e, em outro sentido, o caso recente do Isis (vulgo "Estado islâmico"), que, numa leitura fundamentalista do Corão, matam outros islâmicos tradicionais por julgá-los como infiéis. Dessa forma, fica claro o impacto dos textos no comportamento humano, sendo muitas vezes uma fonte e referência para os praticantes de religiões.

(7) "Símbolos, ritos e mitos religiosos" talvez sejam os três termos mais clássicos da ciência da religião, e no Brasil são bem conhecidos através das obras de Mircea Eliade (1907-1986). É um assunto bastante adequado ao 6º ano. As habilidades indicadas a se conquistar são "(EF06ER06) reconhecer a importância dos mitos, ritos, símbolos e textos na estruturação das diferentes crenças, tradições e movimentos religiosos" e "(EF06ER07) exemplificar a relação entre mito, rito e símbolo nas práticas celebrativas de diferentes tradições religiosas" (BRASIL, 2018, p. 453). Está claro que os três termos devem ser trabalhados em conjunto, um ajudando a entender o outro. Contudo, indicamos que seja ensinado um de cada vez, para, depois de entendido cada um em particular, eles possam ser integrados.

Além do conceito de mito, já explicado, os ritos podem ser entendidos como práticas frequentes que produzem sentido aos participantes, e símbolo como representações indiretas de algo. Assim, os três se relacionam pelo fato de ritos serem conectados a mitos, e serem utilizados símbolos de vários tipos nessas práticas. Sobre a última habilidade apontada, o processo de ensino e aprendizagem pode começar com o estudo de uma celebração religiosa, como o dia do Erês (ou Dia de Cosme e Damião) nas umbandas, em 27 de setembro. Poderia se estudar: qual é o seu mito, como ocorre o rito, e quais símbolos são utilizados.

3.4 Estudo de crenças religiosas e filosofias de vida no 7º ano

Durante o 7º ano, na BNCC do Ensino Religioso, a questão das "filosofias de vida" não religiosas aparece através do segundo dos dois objetos de conhecimento: *(8) Princípios éticos e valores religiosos* e *(9) Liderança e direitos humanos*. Quanto aos valores religiosos, já é bem conhecido o fato de que a moral das religiões é o fundamento da maioria das sociedades humanas, ainda que não seja o único. É importante os educandos saberem disso, justamente para terem mais consciência da sua realidade social, do impacto cultural das religiões, e de como podem agir diante deste referencial. De outro lado, busca-se mostrar como há outras referências morais além das religiosas, tal como os Direitos Humanos.

As duas primeiras habilidades são ligadas respectivamente aos objetos 8 e 9: "(EF07ER06) identificar princípios éticos em diferentes tradições religiosas e filosofias de vida, discutindo como podem influenciar condutas pessoais e práticas sociais" e "(EF07ER07) identificar e discutir o papel das lideranças religiosas e seculares na defesa e promoção dos direitos humanos" (BRASIL, 2018, p. 455). Em ambos os casos, há um direcionamento implícito para comparar as religiões e as filosofias de vida e as suas lideranças. Primeiro, a comparação consiste em apontar a moral/ética de grupos religiosos e de grupos seculares, mostrando que, nos dois casos, há influência na ação humana. Todavia, é relevante buscar entender também o que as diferenciam. Qual é a diferença entre vegetarianos por motivos religiosos dos por motivos ecológicos? Qual é a função de um líder de um partido político e de uma Igreja? Como a posição desses diferentes líderes sobre questões caras aos Direitos Humanos impacta seus seguidores e toda sociedade? Responder a isso pode ser tema de todo um semestre, e vai ajudar a classe a entender melhor sobre a cidadania, o comportamento humano em geral, e as religiões especificamente.

A terceira habilidade é ligada a *(9) "liderança e Direitos Humanos"*: "(EF07ER08) reconhecer o direito à liberdade de consciência, crença ou convicção, questionando concepções e práticas sociais que a violam" (BRASIL, 2018, p. 455). Conectado com a questão dos Direitos Humanos, citada na segunda habilidade, trata-se agora de saber de questões mais jurídicas, incluindo leis nacionais e regionais, como propomos em outro lugar (cf. COSTA, 2015). Assim, os estudantes podem entender não apenas abstratamente sobre liberdade de consciência, mas também sobre como essa liberdade de fato é assegurada pelas leis do seu país. E para entender adequadamente isso é preciso também estudar quando, como e por quem essas leis são violadas.

3.5 Estudo de crenças religiosas e filosofias de vida no 8º ano

A perspectiva do desenvolvimento cognitivo da criança entende que, a partir do processo de transição para a adolescência, o estudante começa a desenvolver o que Piaget (1983) chamou de "operações formais". Ou seja, além do simbolismo da linguagem e das "operações concretas" da nossa inteligência, pensamentos mais reflexivos, complexos e hipotéticos são observados. A socialização também é um fator importante para a formação de cada pessoa, sendo a adolescência um momento adequado para educandos começarem a pensar de maneira mais profunda sobre questões sociais.

Nessa direção, há os seguintes objetos de conhecimento do Ensino Religioso durante 8º ano: *(10) Crenças, convicções e atitudes*; *(11) Doutrinas religiosas*; *(12) Crenças, filosofias de vida e esfera pública*; *(13) Tradições religiosas, mídias e tecnologias*. Novamente, existe uma progressão da aprendizagem. Primeiro é estudado o que são as crenças e convicções de todo tipo (religiosas ou não), e como elas têm impacto nas ações humanas. Depois, a atenção se volta para as crenças religiosas institucionalizadas socialmente por diversas religiões. No terceiro momento é investigada em sala de aula a relação entre as crenças religiosas e as filosofias de vida com a esfera pública de toda a sociedade. Por fim, a BNCC propõe que o uso das mídias sociais e tecnologias pelas religiões seja explorado.

Sobre o objeto *(10) "crenças, convicções e atitudes"* foram propostas as habilidades de: "(EF08ER01) discutir como as crenças e convicções podem influenciar escolhas e atitudes pessoais e coletivas" e "(EF08ER02) analisar filosofias de vida, manifestações e tradições religiosas destacando seus princípios éticos" (BRASIL, 2018, p. 457). Uma abordagem que forneça bases aos estudantes deve trabalhar com os conceitos simplificados de crenças e convicções. Isso pode partir tanto indutivamente de casos reais para exemplificar e construir o conceito, como dedutivamente, mostrando o conceito e, depois, apresentar exemplos. O próximo passo é mostrar como essas ideias têm peso em nossas condutas. Costumes ou condutas são termos atuais, que podem traduzir o termo "ética". O estudante de Ensino Religioso deve entender o que as religiões e as filosofias de vida propõem como uma ética a ser seguida, sem defender ou atacar nenhuma delas, seguindo o agnosticismo metodológico da ciência da religião. Somente em nível pessoal e privado, e se desejar, é válido ao aluno julgar as éticas que terá contato ao longo das aulas.

No próximo objeto de conhecimento, *(11) "doutrinas religiosas"*, a habilidade requerida de ser desenvolvida é "(EF08ER03) analisar doutrinas das diferentes tradições religiosas e suas concepções de mundo, vida e morte" (BRASIL, 2018, p. 457). Nesse caso, o professor tem a oportunidade de mostrar as mais diversas tradições religiosas aos estudantes, expondo e valorizando a diversidade. A direção sugerida é que haja atividades que classifiquem, em quadros ou tabelas, as várias "concepções de mundo, vida e morte" que as doutrinas religiosas possuem. Desse modo, os estudantes podem ver, lado a lado, as diferenças e semelhanças entres as ideias religiosas, num exercício próximo ao que os cientistas das religiões fazem em suas pesquisas, mas adaptado para a formação cidadã básica das escolas.

O conhecimento sobre *(12) "crenças, filosofias de vida e esfera pública"* indica três habilidades: "(EF08ER04) discutir como filosofias de vida, tradições e instituições religiosas podem influenciar diferentes campos da esfera pública (política, saúde, educação, economia)"; "(EF08ER05) debater sobre as possibilidades e os limites da interferência das tradições religiosas na esfera pública" e "(EF08ER06) analisar práticas, projetos e políticas públicas que contribuem para a promoção da liberdade de pensamento, crenças e convicções" (BRASIL, 2018, p. 457).

Dessa vez, há uma construção não processual, mas de três dimensões ou perspectivas, que precisam que a base de conhecimento sobre o que é a "esfera pública" esteja firme na mente dos estudantes. No primeiro olhar, busca-se debater em sala de aula como as religiões e ideias seculares influenciam os mais diversos setores da sociedade. Depois, o diálogo deve ser sobre o quanto as religiões conseguem alterar outros campos públicos e não religiosos da sociedade. E a outra perspectiva é como políticas públicas e afins contribuem ou não para a promoção da "liberdade de consciência e de crença", para citar a linguagem da constituição brasileira (Brasil, 1988). Isso implica, nas aulas de Ensino Religioso escolar, o estudo das leis nacionais que tocam diretamente ou indiretamente sobre as religiões.

Mais específico, o objeto de conhecimento *(13) "tradições religiosas, mídias e tecnologias"* aponta a capacidade de "(EF08ER07) analisar as formas de uso das mídias e tecnologias pelas diferentes denominações religiosas" (BRASIL, 2018, p. 457). A questão das mídias e tecnologias é atrativa aos jovens, um tema transversal para se estudar as religiões no Ensino Religioso. Novamente, quadros comparativos podem ser feitos, mas com o diferencial de que os estudantes poderiam agora buscar as informações na internet. Também aqui a questão da relação entre religiões e espaço público pode ser analisada: quais tradições religiosas estão em mídias públicas ou utilizam da tecnologia para se divulgar em espaços públicos? E de que maneira isso é feito?

3.6 Estudo de crenças religiosas e filosofias de vida no 9º ano

Para o último ano do Ensino Fundamental, a BNCC destaca como objeto de conhecimento: *(14) Imanência e transcendência*; *(15) Vida e morte* e *(16) Princípios e valores éticos*. É retomado, neste trecho do documento, um vocabulário dos anos de 1990 do texto "PCNer" do Fonaper (2009), que tem inspiração da fenomenologia da religião, escola importante na história da Ciência da Religião no início do século XX. Ao mesmo tempo, foi acrescentada a atenção ao estudo de valores éticos não religiosos.

No objeto *(14) "imanência e transcendência"*, encaminha-se às habilidades de "(EF09ER01) analisar princípios e orientações para o cuidado da vida e nas diversas tradições religiosas e filosofias de vida" e "(EF09ER02) discutir as diferentes expressões de valorização e de desrespeito à vida, por meio da análise de matérias nas diferentes mídias" (BRASIL, 2018, p. 459). No primeiro caso, classificações podem também ser utilizadas para atividades que capacitem os discentes a compreender como várias religiões e filosofias laicas pensam o cuidado da vida. A própria ideia de "cuidado da vida" e suas implicações bioéticas podem ser discutidas interativamente, e pode ser feita uma "audiência pública simulada" para estimular o desenvolvimento da argumentação por parte dos estudantes. Em conjunto com materiais da Ciência da Religião, pesquisas em mídias de grande comunicação podem servir de base para os debates dessa temática em sala de aula.

Já o objeto *(15) "vida e morte"*, mais transversal, pede a capacitação em três direções. Primeiro, "(EF09ER03) identificar sentidos do viver e do morrer em diferentes tradições religiosas, através do estudo de mitos fundantes"; segundo, "(EF09ER04) identificar concepções de vida e morte em diferentes tradições religiosas e filosofias de vida, por meio da análise de diferentes ritos fúnebres"; e terceiro, "(EF09ER05) analisar as diferentes ideias de imortalidade elaboradas pelas tradições religiosas (ancestralidade, reencarnação, transmigração e ressurreição)" (BRASIL, 2018, p. 459). A morte é uma temática instigante ao estudo não apenas das religiões, mas também à própria reflexão sobre a vida nas aulas de Ensino Religioso, como tem argumentado o cientista da religião Rodrigo Oliveira dos Santos (1979-) (2014). Isso pode ser feito, por exemplo, através do estudo de ritos fúnebres realizados por distintas tradições. Comparações entre visões da morte e pós-morte entre as religiões podem servir para estimular o pleno desenvolvimento cognitivo do alunado, treinando capacidades de ordenamento, abstração e dedução.

Por fim, o estudo de *(16) "princípios e valores éticos"* pede o desenvolvimento de três habilidades: "(EF09ER06) Reconhecer a coexistência como uma atitude ética de respeito à vida e à dignidade humana" é o primeiro; "(EF09ER07) identificar princípios éticos (familiares, religiosos e culturais) que possam alicerçar a construção de projetos de vida", é o segundo; e, finalmente, "(EF09ER08) construir projetos de vida assentados em princípios e valores éticos" (BRASIL, 2018, p. 459). Estas são habilidades práticas, que movem os educandos no sentido de seu estudo ser uma transformação pessoal para um cidadão melhor. Ou seja, os estudantes que conseguirem desenvolver essas habilidades serão cidadãos que respeitam a dignidade e a vida de cada ser humano, e que a partir de princípios éticos observados em diferentes fontes proporcionam "projetos de vida". Para a BNCC (BRASIL, 2018, p. 62), tais projetos são um “processo de reflexão sobre o que cada jovem quer ser no futuro, e de planejamento de ações para construir esse futuro”, em articulação com os anseios sobre seu futuro pessoal, social, estudantil e profissional.

Referências

ALBERTS, W. “Didactics of the study of religions”. In: *Numen*, vol. 55, n. 2, 2008, p. 300-334.

BRASIL. *Base Nacional Comum Curricular (BNCC)*. Brasília: MEC, 2018.

______. *Constituição da República Federativa do Brasil*. Brasília: Senado Federal, 1988.

COSTA, M.O. *Ciência da Religião Aplicada como o terceiro ramo da* Religionswissenschaft: história, análises e propostas de atuação profissional. São Paulo: PUC-SP, 2019 [Tese de doutorado].

______. “Diretrizes curriculares nacionais do Ensino Religioso: uma proposta fundamentada na Ciência da Religião”. In: *Ciencias Sociales y Religión*, vol. 17, n. 23, 2015, p. 51-59. Porto Alegre.

ENGLER, S. “A umbanda e a glocalização”. In: *Debates do NER*, vol. 12, n. 20, 2011, p. 11-44. Porto Alegre.

FONAPER. *Parâmetros curriculares nacionais*: Ensino Religioso. São Paulo: Mundo Mirim, 2009 [1997].

GRESCHAT, H.J. *O que é Ciência da Religião?* São Paulo: Paulinas, 2005.

HANEGRAAFF, W.J. “Definindo religião, apesar da história”. In: *Religare*, vol. 14, n. 1, 2017, p. 202-247. João Pessoa, 2017.

HINNELLS, J.R. (org.). *Dicionário das religiões*. 4. ed. São Paulo: Círculo do Livro, 1991.

JENSEN, T. “O estudo acadêmico laico (ou não religioso) da religião como base para comunicação e compreensão interculturais”. In: MARANHÃO FILHO, E.M.A. (org.). *Política, religião e diversidades*: educação e espaço público. Vol. 1. Florianópolis: ABHR/Fogo, 2018, p. 50-75.

JUNQUEIRA, S.R.A. "Uma ciência como referência: uma conquista para o Ensino Religioso". In: *Rever*, vol. 15, n. 2, 2015, p. 10-25.

PASSOS, J.D. *Ensino religioso*: construção de uma proposta. São Paulo: Paulinas, 2007.

PIAGET, J. *Psicologia da inteligência*. Rio de Janeiro: Zahar, 1983.

SHARPE, E.J. *Comparative religion*: a history. Londres: Duckworth, 1986.

SANTOS, R.O. *As abordagens da morte no currículo de formação inicial de professores de Ensino Religioso no Pará*. Belém: Ufpa, 2014 [Dissertação de mestrado].

SOARES, A.M.L. *Religião e educação*: da Ciência da Religião ao Ensino Religioso. São Paulo: Paulinas, 2010.

STERN, F.L. & COSTA, M.O. "Metodologias desenvolvidas pela genealogia intelectual da Ciência da Religião". *In: Sacrilegens*, vol. 14, 2017, p. 70-89. Juiz de Fora.

WACH, J. "Os ramos da Ciência da Religião". In: *Rever*, vol. 18, n. 2, 2018, p. 233-253.

Sugestão de textos/material acessíveis online

Mostramos abaixo quatro indicações (três escritos e um audiovisual) para o leitor se aprofundar no tema abordado neste capítulo, adaptando, ensinando, pesquisando e pensando o Ensino Religioso seguindo a referência da Ciência da Religião. O item 3 é obra de um licenciado em Ciência da Religião pela Uepa, o Prof. Edilson Borges Vulcão Junior, que criou um blog com ideias sobre o Ensino Religioso com referência na Ciência da Religião e propostas de aulas. O Prof. Vulcão tem se destacado também por oferecer vídeos no YouTube (canal CR na Escola [https://www.youtube.com/user/SuperEDVID/featured]).

1) PARÁ. *Documento curricular do Estado do Pará* – Documento curricular para a Educação Infantil e o Ensino Fundamental do Estado do Pará. Belém: Seduc/PA, 2018 [Versão entregue ao CEE/PA em 08/11/2018] [Disponível em http://basenacionalcomum.mec.gov.br/images/implementacao/curriculos_estados/documento_curricular_pa.pdf – Acesso em 30/07/2019].

2) PARANÁ. *Ensino religioso*: diversidade cultural e religiosa. Curitiba: Seed/PR, 2013 [Disponível em http://www.ensinoreligioso.seed.pr.gov.br/arquivos/File/livro_er_19_3_2015.pdf – Acesso em 31/07/2019].

3) VULCÃO. *Blog CR na Escola* [Disponível em crnaescola.blogspot.com.br – Acesso em 30/07/2019].

4) COSTA, M.O. *Ciência da Religião Aplicada como o terceiro ramo da Religionswissenschaft*: história, análises e propostas de atuação profissional. São Paulo: PUC-SP, 2019 [Tese de doutorado] [Disponível em https://tede.pucsp.br/handle/handle/22356 – Acesso em 31/07/2019].

5) JENSEN, T. "O estudo acadêmico laico (ou não religioso) da religião como base para comunicação e compreensão interculturais". In: MARANHÃO FILHO, E.M.A. (org.). *Política, religião e diversidades*: educação e espaço público. Vol. 1. Florianópolis: ABHR/Fogo, 2018, p. 50-75 [Disponível em http://abhr2018.paginas.ufsc.br/files/2018/10/Miolo_ABHR_Vol3-rev-1.pdf – Acesso em 31/07/2019].

Sobre as autoras e os autores

Claudia Regina Kluck – Doutorado e mestrado em Teologia e Sociedade pela PUC-Paraná. Graduação em Pedagogia com especialização em Gestão Escolar (UCB/2008) e Licenciatura em História (Unopar). Pesquisa dedicada ao Ensino Religioso, em especial aos seguintes temas: Livro didático, Formação de professores, Relações de gênero e Direitos humanos. Experiência docente na educação básica e na educação a distância Também é formadora sobre a temática (In)disciplina escolar e Metodologia de pesquisa. Pesquisadora-sênior do Ipfer.

Dayana Dar'c e Silva da Silveira – Graduada em Ciências da Religião-Licenciatura (Universidade do Estado do Pará, Uepa). Mestre em Ciência da Religião, área de concentração Religião, Sociedade e Cultura (Programa de Pós-Graduação em Ciência da Religião, Universidade Federal de Juiz de Fora). Psicologia (Centro Universitário Estácio/JF). Atua como professora de Ensino Religioso junto a jovens e adultos (EJA).

Edile Maria Fracaro Rodrigues – Doutora em Teologia e mestre em Educação pela PUC-Paraná. Graduada em Formação de Professores pela PUC-Paraná. Pesquisadora do Instituto de Pesquisa e Formação Educação e Religião. Professora-assistente pela PUC-Paraná, disciplina de Cultura Religiosa. Possui experiência na área editorial no desenvolvimento de material didático de Ensino Religioso das editoras Opet, Ciranda Cutural, Cortez e Positivo. Escritora e coordenadora pedagógica do material didático *Trabalho em conjunto* do Ministério Igreja em Células (MIC) e do Curso de Teologia da Fatev.

Elisa Rodrigues – Professora e pesquisadora do Departamento de Ciência da Religião da Universidade Federal de Juiz de Fora (UFJF). Coordena as atividades de pesquisa do Grupo de Estudos Religião, Educação e Gênero (Reduge). Orienta pesquisas em nível de pós-graduação no Programa de Pós-Graduação em Ciência da Religião da UFJF. Formada em Teologia (FTBSP) e Sociologia e Política (FESPSP), com mestrado e doutorado em Ciência da Religião (Umesp) e segundo doutorado em Ciências Sociais (Unicamp).

Emerson Sena da Silveira – Doutor em Ciência da Religião pela Universidade Federal de Juiz de Fora (UFJF). Antropólogo. Professor-associado do Departamento de Ciência da Religião (DCRE-UFJF). Leciona no Programa de Pós-Graduação em Ciência da Religião (PPCIR), da UFJF. Realizou dois estágios pós-doutorais com projetos nas áreas de Antropologia (2008) e Ciências da Religião (2016), com bolsa pelo CNPq e pela Capes. Entre 2012 e 2015 foi coordenador do Programa de Pós-Graduação em Ciência da Religião (PPCIR). Tem prestado assessoria a organismos pastorais e educacionais na área de Ciências da Religião e Teologia em temáticas como Religião e Política. Publicou e organizou livros, capítulos de livros e artigos na área de religião, cultura e sociedade (católicos, evangélicos, espaço público, gênero, internet, metodologia das Ciências da Religião, turismo religioso).

Fábio L. Stern – Doutor em Ciência da Religião pela PUC-SP. Mestre em Ciência da Religião (PUC-SP). Especialista *lato sensu* em Ciências da Religião pela Pontifícia Universidade Católica de São Paulo (PUC-SP). Graduando em Ciências da Religião pela Universidade Federal de Santa Maria (UFSM). Coordena o grupo de pesquisa NEO, Novas Espiritualidades (PUC-SP).

Gilberto Garcia – Doutor em Filosofia pela Universidade Federal do Rio de Janeiro – UFRJ. Foi Presidente do Conselho Nacional de Educação – CNE, onde exerceu, entre outras atividades, a Presidência da Comissão do Ensino Religioso e a Relatoria das Diretrizes Curriculares Nacionais dos cursos de Teologia e Ciências da Religião. Também foi Presidente do Conselho de Reitores das Universidades Brasileiras – Crub e da Associação Nacional de Universidades Comunitárias – Abruc. Foi Reitor da FAE, Centro Universitário e da Universidade Católica de Brasília – UCB. Atualmente é Professor-colaborador do Programa *Stricto Sensu* da Pontifícia Universidade Católica de Goiás – PUC Goiás, Reitor da Universidade São Francisco – USF e Diretor-presidente da Editora Vozes.

Gilbraz de Souza Aragão – Professor titular e pesquisador da Universidade Católica de Pernambuco (Unicap). Atua nos programas de Pós-Graduação em Ciências da Religião e em Teologia. Professor-colaborador no Programa de Pós-Graduação em Ciências das Religiões da UFPB. Doutor em Teologia (PUC-RJ) e mestre (Pontifícia Faculdade de Teologia de São Paulo); Graduado em Filosofia e Teologia. Coordenou o Bacharelado de Teologia, a Licenciatura EaD de Ciências da Religião e o Programa de Pós-Graduação em Ciências da Religião. Coordena o Grupo de Pesquisa sobre Espiritualidades, Pluralidade e Diálogo e do Observatório Transdisciplinar das Religiões no Recife.

Lourival José Martins Filho – Graduado em Pedagogia, especialização em Alfabetização, mestrado em Educação e Cultura pela Universidade do Estado de Santa Catarina (Udesc). Doutor em Teologia pela Escola Superior de Teologia de São

Leopoldo. Pós-doutorado em Educação e Religião pela Pontifícia Universidade Católica do Paraná. Na Udesc/Faed é professor-associado de Alfabetização, leciona no Departamento de Pedagogia e Programas de Pós-Graduação em Educação e no Programa de Pós-Graduação em Gestão da Informação. Coordena o Programa de ensino, pesquisa e extensão Caminhos, o Programa Residência Pedagógica. Vice-presidente da Associação Brasileira de Alfabetização.

Lurdes Caron – Pós-doutorado em Educação e Religião pela Pontifícia Universidade Católica do Paraná (PUC-PR). Doutora em Educação – Currículo, pela PUC-SP. Mestra em Teologia Pastoral – Educação Cristã – pelo IEPG/Ieclb, São Leopoldo. Pesquisadora/professora do Mestrado em Educação PPGE/Uniplac e na Graduação. Coordena o Projeto e o Grupo de Pesquisa (Formação de Professores: Políticas Curriculares e Práticas Inclusivas para a Cultura da Paz na Educação – Forpaz). Escreveu livros sobre formação de professores de Ensino Religioso, educação especial, políticas e práticas de avaliação. É religiosa da Congregação das Irmãs Catequistas Franciscanas.

Marcos Vinicius de Freitas Reis – Doutor em Sociologia pela Universidade Federal de São Carlos. Estágio de Pós-doutorado no Mestrado em Estudos de Fronteira da Universidade Federal do Amapá (Unifap). Docente do Curso de Mestrado Acadêmico em História Social da Unifap. Docente do Mestrado Profissional Ensino de História (Unifap). Docente da Graduação em Relações Internacionais e História (Unifap).

Matheus Oliva Costa – Doutor em Ciência da Religião (PUC-SP), com pesquisa sobre Ciência das Religiões Aplicada. Mestre em Ciência da Religião (PUC-SP). Graduado em Licenciatura Plena em Ciências da Religião pela Universidade Estadual de Montes Claros (Unimonte). Professor de educação básica entre 2012 e 2017. Professor universitário desde 2015. Coordenador do curso de Licenciatura em Filosofia da Ebramec.

Sérgio Rogério Azevedo Junqueira – Livre-docente em Ciência da Religião (PUC-SP). Estágio de Pós-doutorado em Ciência da Religião (PUC-SP/Uepa) e em Geografia da Religião (UFPR). Doutor e mestre em Ciência da Educação (UPS-Roma). Licenciado em Pedagogia (Uniube); Bacharel em Ciências Religiosas (Imach); Diretor do Instituto de Pesquisa e Formação Educação e Religião (Ipfer). Foi Coordenador do Fonaper; Diretor do Instituto de Pesquisa e Formação Educação e Religião; foi Consultor do Conselho Nacional de Educação.

Sonia de Itoz – Mestra em Educação; Graduação em Filosofia e Teologia. Membro e pesquisadora do Instituto de Pesquisa e Formação Educação e Religião (Ipfer). Assessora, palestrante, escritora e autora de artigos e de livros didáticos de Ensino Religioso e pastoral escolar. Coordenadora do Departamento de Estudos Antropológicos, Filosóficos, Sociológicos e Ensino Religioso e de Pastoral Escolar do Colégio Emilie de Villeneuve, São Paulo.